本书是重庆市委教育工委市教委深化教育领域综合改革领导小组关于教育综合改单第六批试点项目和 2020 年度研究立项课题（20JGS510）研究最终成果

高校劳动教育理论课教学模式路径创新研究

刘建锋 刘有为 李咸洁 ◎ 著

西南交通大学出版社

·成 都·

图书在版编目（ＣＩＰ）数据

高校劳动教育理论课教学模式路径创新研究 / 刘建锋，刘有为，李咸洁著. —成都：西南交通大学出版社，2023.4
ISBN 978-7-5643-9224-6

Ⅰ. ①高… Ⅱ. ①刘… ②刘… ③李… Ⅲ. ①劳动教育－教学研究－高等学校 Ⅳ. ①G40-015

中国国家版本馆 CIP 数据核字（2023）第 052491 号

Gaoxiao Laodong Jiaoyu Lilunke Jiaoxue Moshi Lujing Chuangxin Yanjiu
高校劳动教育理论课教学模式路径创新研究

刘建锋　刘有为　李咸洁 / 著　　责任编辑 / 郭发仔
　　　　　　　　　　　　　　　封面设计 / 原谋书装

西南交通大学出版社出版发行
（四川省成都市金牛区二环路北一段 111 号西南交通大学创新大厦 21 楼　610031）
发行部电话：028-87600564　028-87600533
网址：http://www.xnjdcbs.com
印刷：成都中永印务有限责任公司

成品尺寸　148 mm×210 mm
印张　8.5　字数　225 千
版次　2023 年 4 月第 1 版　印次　2023 年 4 月第 1 次

书号　ISBN 978-7-5643-9224-6
定价　48.00 元

图书如有印装质量问题　本社负责退换
版权所有　盗版必究　举报电话：028-87600562

前言 Preface

劳动是人类生产生活的基本手段，是人类社会逐步发展成熟的媒介和途径。中国共产党成立以来，我国在革命、建设与改革的进程中，逐渐实现了从站起来、富起来到强起来的重大转变，高校劳动理论课教学模式的生态环境也发生了诸多变化。在新时代，随着第二个百年奋斗目标提上日程，我们踏上全面建设社会主义现代化国家的新征程、新阶段，这必然引发人们高度关注并聚焦于借助劳动教育理论课教学模式来推动劳动的提质增效，让劳动充分地实现与知识和科技的完美融合，从而延展劳动的含义和表达模式，为劳动融入新时代的基因，让人们更好地感受劳动所引发的全新生活体验与个性发展。但是，在这个过程中，劳动被淡化、弱化、软化和简化等错误的理念与思潮依旧存在。尤其是某些大学生，不重视劳动，不尊重劳动果实，不主动参与劳动，不愿意融入劳动，劳动教育的效果不尽如人意。对此，习近平总书记特别强调："要在学生中弘扬劳动精神，教育引导学生崇尚劳动、尊重劳动，懂得劳动最光荣、劳动最崇高、劳动最伟大、劳动最美丽的道理，长大后能够辛勤劳动、诚实劳动、创造性劳动"。[①]新时代高校承担着培养未来建设者和接班人的神圣职责，要让大学生能更好地投入全面建设社会主义现代化国家的新征程之中，实现大学生的全面发展，就应该大力推进大学生劳动教育，在大

---

① 习近平.出席全国教育大会并发表重要讲话[N].人民日报，2018-09-11（01）.

学生中掀起劳动学习和教育的新高潮，让大学生明白劳动是一切幸福美好生活的源头，从而牢固树立正确的劳动观。

　　本书以马克思主义劳动观为基础，紧密结合习近平总书记关于劳动教育的重要论述，对高校劳动教育理论课教学模式路径进行研究。本书主要从五个方面进行阐释。第一章，从研究背景与研究意义、国内外相关研究综述、核心概念释义、研究方法与创新点几方面进行论述。第二章，从新时代高校劳动教育理论课教学模式路径创新理论框架展开研究，主要包括新时代高校劳动教育理论课教学模式路径创新的科学内涵、构成要件、核心任务和运行机制。第三章，从新时代高校劳动教育理论课教学模式路径创新实施情况展开研究，主要包括新时代高校劳动教育理论课教学模式路径创新的历史考察、现状研究、实践探索、经验与困境。第四章，从新时代高校劳动教育理论课教学模式路径创新的实施路径进行阐述，主要包括围绕"一体两翼三化"立体教学格局、主渠道与主阵地融合、路径创新等方面的内容。第五章为结论部分。

　　本书由四川外国语大学刘建锋和西昌学院刘有为、李咸洁共同完成，刘建锋负责全书的策划及统稿。本书为重庆市委教育工委市教委深化教育领域综合改革领导小组关于教育综合改单第六批试点项目和2020年度研究课题立项（20JGS510）和2021-2023年四川省高等教育人才培养质量和教学改革重点项目"课程思政视域下优化民族地区高校心理健康教育体系的探索与实践（项目编号：JG2021-1307）"研究成果。

　　本书在编写过程中，难免出现疏漏，不当之处敬请批评指正。

刘建锋

2023年4月于重庆四川外国语大学

目 录 Contents

第一章

导 论 …………………………………………… 001

第一节　研究背景与研究意义 ………………………… 002
第二节　国内外相关研究综述 ………………………… 005
第三节　核心概念释义 ………………………………… 017
第四节　研究方法与创新点 …………………………… 019

第二章

新时代高校劳动教育理论课教学模式路径创新研究
理论框架 ………………………………………… 021

第一节　新时代高校劳动教育理论课教学模式路径创新的
　　　　科学内涵 …………………………………… 022
第二节　新时代高校劳动教育理论课教学模式路径创新的
　　　　构成要件 …………………………………… 029

第三节 新时代高校劳动教育理论课教学模式路径创新的
核心任务 …………………………………………… 035
第四节 新时代高校劳动教育理论课教学模式路径创新的
运行机制 …………………………………………… 040

第三章
高校劳动教育理论课教学模式路径创新实施情况 054

第一节 新时代高校劳动教育理论课教学模式路径创新的
历史考察 …………………………………………… 055
第二节 新时代高校劳动教育理论课教学模式的现状
研究 ………………………………………………… 060
第三节 新时代高校劳动教育理论课教学模式路径创新的
实践探索 …………………………………………… 088
第四节 新时代高校劳动教育理论课教学模式路径创新的
经验与困境 ………………………………………… 131

第四章

新时代高校劳动教育理论课教学模式路径创新实施路径 …………………………………………… 144

第一节 构建高校劳动教育理论课教学模式路径创新必须
坚持"一体两翼三化"立体教学格局 …………… 145

第二节 高校劳动教育理论课教学模式路径创新必须坚持
主渠道和主阵地的融合 ……………………… 190

第三节 高校劳动教育理论课教学模式路径创新 ………… 214

第五章

结　论 ………………………………………… 247

参考文献 ……………………………………… 251
后记 ………………………………………… 263

第一章

导 论

第一节

研究背景与研究意义

一、研究背景

自党的十八大以来,党和国家颁布了众多与大学生劳动教育有关的文件,如《关于全面加强新时代大中小学劳动教育的意见》(2020)、《中共中央关于制定国民经济和社会发展第十四个五年规划和二〇三五年远景目标的建议》(2020)等,全方位、有层次、多角度地展现出党和国家对大学生劳动教育的重视。

大学生是高校思想政治教育的关注点和聚焦点,是全面建设社会主义现代化国家的未来建设者与生力军,是极具社会凝聚力与影响力的群体之一。因此,新时代大学生劳动素养的高低,事关全面建设社会主义现代化国家成败,事关实现中华民族伟大复兴成败,事关实现共产主义成败。然而,如今部分大学生的劳动观念淡化、弱化、软化和简化现象仍然存在。因此,探索有效的劳动教育理论课教学模式,提高劳动教育效果,显得尤为重要。

劳动的内涵和模式、大学生群体的特质、劳动教育的核心要义等在新时代新征程新阶段被赋予了新要求,这必然要求新时代大学生劳动教育理论课教学模式在路径上进行创新。新时代大学生劳动教育理论课教学不但可以夯实高校全方位、多层次、立体化培养高水平人才的根基,而且应成为高校思想政治教育的特色。高校思想政治教育工作者承担着以文化人、以德育人、以情动人的时代重任,必须深刻领会马克思主义劳动观,深入理解劳动教育融入生产劳动的本质特征和时代意义,创新新时代大学生劳动教育理论课教学模式和路径,实现新时代大学生劳动教育质量的有效提升。

二、研究意义

习近平总书记强调:"要在学生中弘扬劳动精神,教育引导学生崇尚劳动、尊重劳动,懂得劳动最光荣、劳动最崇高、劳动最伟大、劳动最美丽的道理,长大后能够辛勤劳动、诚实劳动、创造性劳动。"[①]习近平总书记的讲话精神,将劳动教育提到了一个新的高度。

(一)理论意义

一是能够进一步推进对马克思主义劳动教育理论的研究。作为社会观念上层建筑的劳动教育理论,总是服从和服务于社会经济基础的。马克思主义劳动理论和唯物史观深刻地阐释了社会发展进步的逻辑,本书立足于新时代新征程新阶段,将马克思主义劳动理论融入全面建设社会主义现代化国家进程之中,促进马克思主义劳动教育理论的丰富和发展。二是能够进一步丰富新时代大学生劳动教

---

① 习近平出席全国教育大会并发表重要讲话[N]. 人民日报,2018-09-11(01).

育理论。考察高校劳动教育理论课教学模式创新的历史发展进程，对于统筹好我国经济社会发展的进程和劳动教育理论课自身发展的过程有良好的借鉴作用。新时代高校劳动教育理论课直接关系到千万大学生的全面发展、健康成长，关系到国民综合素质的提升，关系到我们事业的兴旺发达，对培育和践行社会主义核心价值观，传承和弘扬中华民族勤劳、奋斗、奉献的优良传统，培养担当民族复兴大任的时代新人，具有重要意义。中国共产党成立百年来，高校劳动教育理论课教学模式经历了萌芽与初创期（1919—1949）、探索与发展期（1949—1956）、过渡与曲折期（1956—1978）、恢复与重塑期（1978—2010）、跨越与繁荣期（2010年至今）五个阶段。在此过程中，高校劳动教育理论课教学模式对国家治理、执政党建设、社会建设和学科自身建设等都起到了重要的促进作用，也积累了丰富的经验。回顾这一历程，总结经验，对于新时代高校劳动教育理论课教学模式的创新发展，为中国特色社会主义现代化建设提供强大的精神动力，具有重要的意义。

（二）实践意义

一是高校劳动教育理论课教学模式是落实立德树人根本任务的关键，而推动高校劳动教育理论课教学改革创新的关键是在理论和实践中实现教学模式创新，让学生做到内化于心、外化于行。高校劳动教育理论课教学模式改革创新要不断增强思想性、理论性、针对性和亲和力，要以教学模式创新为抓手，用科学理论培养人，重视发挥思想政治教育的育人功能，改善教育效果，不断提升学生的获得感。二是为高校劳动教育理论课教学模式创新提出了合理化的对策。本书结合新时代新征程新阶段高校的特点和任务，客观地分析了如今高校劳动教育理论课教学模式创新中所取得的成就、存在的问题及原因，有序、有针对性地展开模式路径创新研究。

第二节

国内外相关研究综述

一、国内相关研究综述

自中华人民共和国成立以来，我国一直高度关注高校劳动教育理论课教学模式，也重视高校劳动教育理论课教学模式创新。然而，其间也有一段时间，高校劳动教育理论课教学在一定程度上被淡化、弱化、软化和简化，关于劳动教育的错误的理念与思潮也或多或少存在并影响着人们的观念，专家学者们对高校劳动教育理论课教学模式创新的研究也一度中断。随着中国特色社会主义进入新时代，习近平总书记先后发表了重要讲话，国家和政府也颁布了众多与高校劳动教育有关的文件，如在全国教育大会上的重要讲话（2018）、《关于全面加强新时代大中小学劳动教育的意见》（2020）、《中共中央关于制定国民经济和社会发展第十四个五年规划和二〇三五年远景目标的建议》（2020）等，全方位、可见党和国家对高校劳动教育的重视。由此，众多专家学者开始着手对高校劳动教育及其理论课教学模式创新进行研究，以期更好地推进高校劳动教育。

目前，学界对高校劳动教育理论课教学模式创新研究主要集中在如下几个方面。

（一）关于高校劳动教育理论课教学的内涵

一直以来，学界对高校劳动教育理论课教学的内涵有诸多见解，到现在也没有一致的结论。一般来说，众多专家学者主要从意义、内容和模式来对高校劳动教育理论课教学的内涵进行阐释。"劳动教育理论课教学"在《中国大百科全书·教育》（2016）中被表述为："使学生树立正确的劳动观点和劳动态度，热爱劳动和劳动人民，养成劳动习惯的教育课程，是德育课程的内容之一。"[1]"劳动教育理论课教学"在《中国百科大辞典》（2009）中被表述为："以劳动实践为主，结合进行思想教育的课程。"[2]教育部在《大中小学劳动教育指导纲要（试行）》的通知（2020）中明确指出："劳动教育理论课教学主要包括日常生活劳动、生产劳动和服务性劳动中的知识、技能与价值观。"[3]成有信（1993）将"劳动教育理论课教学"阐释为："培养学生具

---

[1] 现代汉语词典（第七版）[M]. 北京：商务印书馆，2016：780.
[2] 中国大百科全书(第二版)[M]. 北京：中国大百科全书出版社，2009：425.
[3] 大中小学劳动教育指导纲要（试行）的通知[N]. 中国教育报，2020-07-15（1）.

有现代工农业生产的基本知识和基本技能的教育课程。"①众多专家学者一致认为高校劳动教育理论课教学的内涵博大精深，承担着培养学生形成良性的劳动理念、劳动德行、劳动素养、劳动能力等劳动教育重任，但各自的侧重点和聚焦点有所差异。之前的研究更多地关注劳动能力的培养。近年来，学界更多地将目光放在劳动教育理论课模式路径创新的体系建设上，并将其作为课程创新的中心。如谢丽娜（2021）强调："最终通过'学校—专业—课程—活动'等四个层面，构建高校劳动教育课体系的实践路径。"②新时代新征程新阶段丰富和拓展了高校劳动教育理论课教学模式路径创新的内涵与外延，更加深入地扩大了研究的视野，明确了研究的方向。

（二）关于高校劳动教育理论课教学模式路径创新的历史考察

学界对该方面的研究较为丰富，成果颇多。一是结合各个历史阶段我国开展高校劳动教育理论课教学模式路径创新的目的、内容、意义，及其怎样服务于革命、建设和改革，对高校劳动教育理论课教学模式路径创新在各历史阶段进行历史考察。现在比较一致的意见是："新中国成立以来，高校劳动教育主要经历了曲折探索期、恢复发展期、实践融合期和全面育人期等四个发展阶段""其中主要形成了'一条主线''两个结合''三维目标''四

---

① 成有信. 教育学原理[M]. 郑州：河南教育出版社，1993：390.
② 谢丽娜. 新时代高校劳动教育体系构建研究：逻辑理路与实践[J]. 黑龙江高教研究，2021，39（3）：1-5.

条主途径'等重要基本经验。"①二是全方位地总结和归纳出高校劳动教育理论课教学模式路径创新在各个历史阶段的重点、难点、焦点、热点及着力点,为新时代高校劳动教育理论课教学模式路径创新提供了多角度、多方位的思考与见解。如乐晓蓉、胡蕾(2020)等认为,高校"对劳动教育价值认识不清,存在狭隘化、功利化倾向;对劳动教育的内涵和目标把握不明,存在窄化、泛化的误区;劳动教育体系尚未形成。"②因此,谢晓娟、李文俊(2021)等认为:"要形成完备的内容体系、完整的评价体系和全面的保障体系,从而形成系统的工作体系。"③刘娜(2020)等认为:"必须从高度、广度、温度、力度等多个维度集中发力,增强劳动教育的政治性、协同性、科学性和实效性,真正贯彻落实党的教育方针,切实提升劳动教育质量,促进学生全面发展、健康成长。"④学界关于该方面的研究为新时代新征程新阶段高校劳动教育理论课教学模式路径创新夯实了基础,提供了借鉴。

(三)关于高校劳动教育理论课教学模式路径创新的意义

学界对该方面的研究重点突出其显性的社会意义和隐性的人生发展意义。然而,在社会的各个阶段,高校劳动教育理论课教

---

① 汪萍. 高校劳动教育的发展历程、基本经验与进路选择[J]. 黑龙江高教研究, 2021, 38(12): 12-16.
② 乐晓蓉, 胡蕾. 高校劳动教育的发展历程、基本经验与进路选择[J]. 思想理论教育, 2021(5): 96-101.
③ 谢晓娟, 李文俊. 全面把握高校劳动教育的四重维度[J]. 现代教育管理, 2021(3): 44-50.
④ 刘娜. 新时代高校劳动教育的多维向度[J]. 黑龙江高教研究, 2020, (11): 27-30.

学模式路径创新的意义又各具特色。在新时代，学界针对高校劳动教育理论课教学模式路径创新的研究重点表现在如下几个方面。一是结合新时代高校劳动教育理论课教学模式路径创新的要求，突出其在智能化、知识化和系统化等方面隐性的个体人生发展意义。如王海建强调，应做到"劳动教育内容智能化整合、劳动教育实践智能化发展和劳动教育要素智能化提升"①。丁楠、杨院强调，应做到"高等教育变革引领产业和劳动力市场的良性发展""基于产业发展需求，完善高等教育与劳动力市场的有效衔接""构建高等教育与产业变动而变动的完善的劳动力市场"。②二是结合新时代高校劳动教育理论课教学模式路径创新成长成熟的特性，深挖高校劳动教育理论课教学模式路径创新的显性社会意义。如周淑芳强调，这是"新时代高校贯彻党的教育方针、落实高校立德树人根本任务、体现社会主义教育的鲜明特色和培养全面发展的新人的必然要求"③。王秀玲强调，这"既是教育系统不可缺少的部分，又是跨界社会大系统与教育系统最直接的节点""促动着教育目标的实现，也承载着社会目标实现所要求的教育功能的发挥"。④张海生强调，可以实现"生活性劳动教育、生产性

---

① 王海建. 人工智能时代的劳动教育：创新与调适[J]. 思想理论教育，2021（1）：103-107.
② 丁楠，杨院. 人工智能时代高等教育与产业、劳动力市场的有效互动研究[J]. 教育评论，2020（6）：75-79.
③ 周淑芳. 新时代大学生马克思主义劳动观教育刍论[J]. 学校党建与思想教育，2019，（23）：49-51.
④ 王秀玲. 新时代劳动教育发展体系的系统分析[J]. 当代教育科学，2020（1）：93-96.

劳动教育、服务性劳动教育和创造性劳动教育的统一"①。三是结合新时代高校劳动教育理论课教学模式路径创新全面育人的特质，深挖高校劳动教育理论课教学模式路径创新具有的启智、立德、健体、修美作用。如刘嘉圣就具体论述了"劳动教育肩负着培养德智体美劳全面发展的社会主义建设者和接班人的重要任务"②。马喜宁则充分阐释了"全面加强新时代劳动教育是构建德智体美劳全面发展的教育体系的重要内容"③。

（四）关于高校劳动教育理论课教学模式路径创新存在的问题

总体而言，学界达成的共识是，新时代高校劳动教育理论课教学模式路径创新存在着虚实分配不均、显性隐性定位不明的弊端，无法彰显其强大的育人特性。针对其弊端，学界分别站在不同的方位进行不同的思考。一是从高校劳动教育理论课教学模式路径创新的自身现状和地位分析其存在的问题。如姜大源指出，高校劳动教育理论课教学模式路径创新在"一段时间以来劳动教育的地位被边缘化、劳动教育的实施被形式化、劳动教育的地点被单一化，出现了'有教育无劳动'或是'有劳动无教育'的现

---

① 张海生. 高校劳动教育的意涵、价值与实践——一种本体论、价值论和方法论的解析[J]. 大学教育科学，2021（1）：53-59.
② 刘嘉圣. 新时代推进大中小学劳动教育的三重维度[J]. 北方民族大学学报：哲学社会科学版，2021（2）：157-163.
③ 马喜宁. 新时代劳动教育与高校思想政治教育有机融合的路径[J]. 中国劳动关系学院学报，2020，34（6）：55-62.

象"①。王玉廷指出，高校劳动教育理论课教学模式路径创新存在着"劳动教育精神价值的迷失、劳动教育课程资源的短缺以及劳动技能培养的滞后等，究其原因，这与社会消极思想的影响、劳动教育顶层设计的缺失、劳动教育践行机制的虚化有关系"②。二是从高校劳动教育理论课教学模式路径创新的发展历程来分析各个时期存在的问题，特别是在新时代存在的问题。如赵长林指出高校劳动教育理论课教学模式路径创新的问题主要"存在语强与实弱、持续与断裂、钟摆与频变的特征"③。三是从高校劳动教育理论课教学模式路径创新的体系建设来分析其存在的问题。黄如艳、成丽宁从系统论的角度，审视出"由于社会、学校、家庭及个体的相互支持与融合不够，导致劳动教育效果不佳"④的问题。四是从高校劳动教育理论课教学模式路径创新与其他学科融合不足的问题。林克松、熊晴则从跨界融合的角度，提出其"核心问题在于'为什么建''建什么''怎么建'，逻辑旨归在于走向跨界融合"⑤。

---

① 姜大源. 刍议新时代劳动教育的时空构建[J]. 国家教育行政学院学报，2020（6）：43-50，57.
② 王玉廷. 新时代高校劳动教育弱化的表现缘由及出路[J]. 当代教育科学，2019（10）：44-47.
③ 赵长林. 新中国成立70年我国劳动教育思想的演进与劳动课程的变迁[J]. 国家教育行政学院学报，2019（6）：9-17.
④ 黄如艳，成丽宁. 论新时代劳动教育支持系统的构建[J]. 教学与管理（理论版），2021（5）：20-24.
⑤ 林克松，熊晴. 走向跨界融合：新时代劳动教育课程建设的价值、认识与实践[J]. 湖南师范大学教育科学学报，2020，19（2）：57-63.

（五）关于高校劳动教育理论课教学模式路径创新的实现对策与措施

学界对高校劳动教育理论课教学模式路径创新的实现对策与措施分析较多。一是强调高校劳动教育理论课教学模式路径创新的价值遵循、体系建设、保障机制等。如赵海燕从《全面假期新时代大中小学劳动教育的意见》入手，强调应"从四个维度即劳动关系、劳动精神、劳动能力以及劳动习惯"①着手来开展。刘娜强调："新时代，推进高校劳动教育必须从高度、广度、温度、力度等多个维度集中发力，增强劳动教育的政治性、协同性、科学性和实效性，真正贯彻落实党的教育方针，切实提升劳动教育质量，促进学生全面发展、健康成长。"②二是强调高校劳动教育理论课教学模式路径创新应强调全方位多角度构建。如尹者金指出："注重将劳动教育纳入人才培养体系、融进专业课程教学、对接创新创业教育和衔接学生第二课堂，以充分发挥劳动教育在促进学生全面发展中的作用。"③范涌峰指出："新时代劳动教育课程的逻辑路向：四位一体，劳动教育课的规范发展逻辑；四方联结，劳动教育课的特色发展逻辑；四域融合，劳动教育课程的高

---

① 赵海燕. 新时代劳动教育的时代意蕴与实践策略[J]. 社会科学战线，2021（3）：276-280.
② 刘娜. 新时代劳动教育的时代意蕴与实践策略[J]. 黑龙江高教教育，2020（11）：27-30.
③ 尹者金. 新时代劳动教育的特征与实现[J]. 江苏高教，2019（11）：85-89.

质量发展逻辑；四维拓展，劳动教育课程可持续发展逻辑。"①三是强调高校劳动教育理论课教学模式路径创新与德智体美的衔接与共融。如谢丽娜指出，应"遵循以劳树德，塑造和涵养社会主义劳动观；以劳增智，把握'知行合一'的原则和方法；以劳强体，明确劳动时增强体质的重要途径；以劳育美，在劳动中'审美'和'创美'"②。祝猛昌指出，应把握好"逻辑起点是深刻认识劳动教育的时代内涵和总体教育目标，着力点是充分发挥劳动教育的综合育人价值，聚焦点是要精准发力，落脚点是强化综合实施"③。

综上所述，中国特色社会主义进入新时代，高校劳动教育理论课教学模式路径创新越来越得到学界的重视，相关著述纷纷涌现。然而，囿于时空，学界对新时代高校劳动教育理论课教学模式路径创新的科学内涵、实施路径及方法挖掘得还不多，亟待细究慎思。

二、国外相关研究综述

通过研究发现，国外也非常重视高校劳动教育理论课教学模

---

① 范涌峰. 新时代劳动教育课程的现实样态与逻辑路向[J]. 教育发展研究，2020，40（24）：28-35.
② 谢丽娜. 新时代高校劳动教育体系构建研究：逻辑理路与实践[J]. 黑龙江高教研究，2021，39（3）：1-5.
③ 祝猛昌. 新时代全面假期大中小学劳动教育的生成逻辑、核心要义及价值蕴含[J]. 中国青年社会科学，2021，39（6）：52-59.

式路径创新。从14世纪开始，基于"教育与生产相结合"模式、"劳作学校"模式和"做中学"模式①，从共性到个性、显性到隐性、整体到个体入手予以关注，出现了较多的著述。

（一）高校劳动教育理论课教学模式路径创新的本源力

国外更多地从劳动教育理论课教学模式路径创新的技术教育定位与丰富性、层次性去分析，将其看作实现劳动教育的根本与核心。作为第一个从事于劳动教育理论的学者，托马斯·莫尔首先强调："劳动是生活的必需品。"②卢梭也指出："劳动不仅是一个人不可推卸的责任，也是决定一个人事业成败的决定性因素。"③黑格尔分析道："劳动是实践活动的一种形式，通过这种实践形式，可以实现自身的价值。"④马卡连柯提倡："努力劳动不只可以培养人的工作能力，而且可以培养同志的关系，即培养一个人对其他的人应有的正确态度，这就是一种道德教育"。⑤马克思、恩格斯更是认为，劳动创造了人本身。⑥

---

① 张熙，袁玉芝，李海波. 劳动教育的国际经验及其启示[J]. 教学与管理，2019（4）：56-58.
② 托马斯·莫尔. 乌托邦[M]. 戴镏龄，译.北京：商务印书馆，1960：1.
③ 卢梭. 爱弥儿[M]. 李平沤，译.北京：商务印书馆，1983：262.
④ 黑格尔. 精神现象学：上卷[M]. 贺麟，王玖兴，译.北京：商务印书馆，1979：234.
⑤ 马卡连柯. 马卡连柯教育文学：第4卷[M]. 北京：人民教育出版社，1959：447.
⑥ 马克思恩格斯全集：第25卷[M]. 北京：人民出版社，1979：508.

（二）高校劳动教育理论课教学模式路径创新的影响力

针对高校劳动教育理论课教学模式路径创新的影响力，国外学界更多地从整体与个体的关系关注于其系统性与持续性。卢梭指出："劳动教育不仅可以让孩子实现自主的生活，还有利于培养他们的优秀品质。"①费希特强调："劳动教育的意义重大，它可以促使一个人走向自主和独立。"②马克思从社会发展的系统性与持续性出发，强调："生产劳动和教育的早期结合是改造现代社会的最强有力的手段之一。"③

（三）高校劳动教育理论课教学模式路径创新的实现

国外能充分借助和结合各种资源，宽口径、广路径、多方式地硬性独立设置课程或融入各级各类学科之中，形成卓有成效的教学模式。如俄罗斯创新性地提出了以"工艺学"为介质的实现模式，美国创新性地提出了"法治体系下的生涯教育"的实现模式，英国创新性地提出了"面向未来生活"的实现模式，日本创新性地提出了"社会—学校—家庭一体化融合"的实现模式，德国创新性地提出了"分类指导、系统完善、职业规划"的实现模式，古巴创新性地提出了"学习与生活、劳动与生产相融合"的实现模式。

---

① 卢梭. 爱弥儿[M]. 李平沤，译. 北京：商务印书馆，1983：262.
② 费希特. 对德意志民族的演讲[M]. 梁志学，等，译. 沈阳：辽宁教育出版社，2003：127.
③ 马克思恩格斯全集：第25卷[M]. 北京：人民出版社，1979：26.

由此可见，国外学界关于高校劳动教育理论课教学模式路径创新的思考与探索源远流长且成果颇多，对我国新时代高校劳动教育理论课教学模式路径创新具有镜鉴作用。然而，尽管国外的相关研究具有一定的特色，但不一定适合我国的实际，这是我们应特别注意的。

综上所述，已有的相关成果为本研究提供了充足的资料储备和学术积累。但是，尚未发现学界系统研究新时代高校劳动教育理论课教学模式路径创新的最新成果。

在研究对象上，现有的新时代高校劳动教育理论课教学模式路径创新研究大多集中在"为什么"方面，而对"怎样做"则亟待进一步突破与深化。

在研究视角上，围绕新时代高校劳动教育理论课教学模式路径创新研究进行了积极的实践探索，需要总结、推广成功经验，剖析问题，但现有文献总结得还不够。

在研究内容上，理论研究较多，成果相对零散，亟待系统探究相关问题。

在研究方法上，主要采取文献研究方法，大多停留在理论分析层面，缺乏多学科综合探讨分析，鲜有整合性的思考成果和深度的理论分析；宏观研究与微观研究相结合不足、定量研究与定性研究结合不足、历史研究与现实研究结合不足；缺乏具有说服力的定量数据的支撑，实证研究分析不够。

基于已有研究存在的缺憾，本书尝试对新时代高校劳动教育理论课教学模式路径创新进行系统研究。

第三节

核心概念释义

一、劳动

"劳动"一词在《现代汉语词典》中阐释为:"人类创造物质或者精神财富的活动。"①

马克思、恩格斯经过长期的理论研究与实践研究,用辩证唯物主义和历史唯物主义的观点,创造性地提出了伟大的"劳动理论",即劳动首先是人和自然之间的交互过程,是人以自身的活动来引起、调整和控制人和自然之间的物质变换的过程。②强调了人在劳动中发展、成长、成熟,并且通过生成劳动"证明自己是有意识的类存在物"③,强调了人在劳动中不仅具有自然属性,而且具有社会属性。

二、劳动教育

"劳动教育"一词,《关于全面加强新时代大中小学劳动教育的意见》(2020)作了明确的界定,即在系统的文化知识学习之外,

---

① 现代汉语词典:2002年增补本[M]. 北京:外语教学与研究出版社,2002:1152.
② 马克思恩格斯全集:第23卷[M]. 北京:人民出版社,1979:201-202.
③ 马克思恩格斯选集:第1卷[M]. 北京:人民出版社,2012:56.

有目的、有计划地组织学生参加日常生活活动、生产劳动和服务性劳动，让学生切实经历、动手实践，培养学生正确的劳动价值观和良好的劳动品质。[①]其深刻的内涵为：让学生掌握工业和农业的相关技能，培养学生良性的劳动习惯、自力更生的品格，树立劳动光荣的理念，形成良好的劳动作风和正确的劳动立场。

三、劳动教育理论课

正如德国劳动教育专家保罗·库普泽（Paul Kupser）所论，劳动教育理论课"是一门涵盖了手工实践活动、基础技能教育、经济与政治教育、职业预备教育、信息技术基础教育等的综合性研究领域"[②]的课程。根据《关于全面加强新时代大中小学劳动教育的意见》（2020），高校要求"设置劳动教育课程"，并将其纳入人才培养方案。[③]按照习近平总书记的要求，做到"弘扬劳动精神，教育引导学生崇尚劳动、尊重劳动，懂得劳动最光荣、劳动最崇高、劳动最伟大、劳动最美丽的道理，长大后能够辛勤劳动、诚实劳动、创造性劳动"[④]。因此，劳动教育理论课应包括劳动与劳动教育、马克思主义劳动观、劳动精神、劳

---

① 关于全面加强新时代大中小学劳动教育的意见[N].人民日报，2020-03-27（01）.
② PAUL KUPSER. Arbeitslehre Zwischen Anspruch und Wirk-lichkeit [M]. Bad Heilbrunn：Julius Klinkhardt，1986：11.
③ 转自于中共中央国务院.关于全面加强新时代大中小学劳动教育的意见[N]. 人民日报，2020-03-27（01）.
④ 习近平. 坚持中国特色社会主义教育发展道路培养德智体美劳全面发展的社会主义建设者和接班人[N]. 人民日报，2018-09-11（01）.

模精神、工匠精神、崇尚和尊重劳动、"三最"劳动、劳动权益、正确择业观等。

四、劳动教育理论课教学模式

首次将"模式"一词与教学充分交融与衔接的是美国专家布鲁斯·乔伊斯教授。他指出:"教学模式是构成课程、选择教材、指导在教室和其他环境中教学活动的一种计划或范型。"[1]本书所论述的新时代高校劳动教育理论课教学模式路径创新自然与已有的教学模式大有差异,但又有一定的联系,是由多种要素共同作用形成的全方位一体化的教学模式。主要对新时代高校劳动教育理论课教学模式路径创新的主体与客体的深入剖解;运用现代劳动教育理念和建构主义学习理论,对新时代高校劳动教育理论课教学模式路径创新进行研究。

第四节

研究方法与创新点

一、研究方法

本书通过分析文献资料和调研数据来系统研究高校劳动教育理论课教学模式创新进程,通过比较研究来探讨教学模式创新在

---

[1] BRUCE JOYCE, MARSHA WEIL. Models of Teaching (First Edition)[M]. New Jersey: Prentice-Hall, 1972:11.

提高思想政治教育实效中的作用，为深刻把握教育教学规律、解决重大问题提供参考。

二、创新点

（一）学术思想上

本书在历史考察的研究视野下，既深化对习近平总书记关于高校思想政治教育的重要讲话精神的理解、研究与阐释，又为推动劳动教育理论课教学模式改革创新提供学理支撑；既梳理和勾勒了模式创新的历史发展演进轨迹，又对蕴涵其中的基本逻辑与成败得失作多视角全方位的分析，充分凸显本书的时代性、现实性、前沿性和开创性。

（二）学术观点上

本书以翔实的研究资料为基础，在研究过程中大胆提出了求真求新的研究观点。具体就是抓好"一二三四"工程，即围绕"一个中心"、解析"两根链条"、明确"三个认知"、实现"四个维度"。

第二章

新时代高校劳动教育理论课教学模式路径创新研究理论框架

进入新时代，习近平总书记对于劳动、劳动教育的重要讲话及《关于全面加强新时代大中小学劳动教育的意见》的实施，为新时代高校劳动教育理论课教学模式创新研究奠定了坚实的基础。领会习近平总书记重要讲话和相关文件精神，把握新时代高校劳动教育理论课教学模式路径创新的科学内涵，梳理新时代高校劳动教育理论课教学模式路径创新的构成要件、核心任务和运行机制，探索新时代高校劳动教育理论课教学模式与路径，是本书重中之重的内容。

第一节

新时代高校劳动教育理论课教学模式路径创新的科学内涵

一、明确教学模式路径创新扮演的角色：新时代高校劳动教育理论课教学模式创新在人才培养体系中扮演着核心作用

自中国特色社会主义进入新时代以来，习近平总书记在多个场合论述了加强德智体美劳"五育人"的重要性，并将劳动教育摆在了"五育人"较为显眼的位置，高校劳动教育理论课由此走出了以往"没名没分"与"名不副实"的尴尬境地。以往，高校劳动教育理论课基本上被看作"开胃菜"或"餐前酒"，或多或少

地被概念化、形式化、符号化和抽象化。高校劳动教育理论课要么被视为劳动教育理论课的实践部分,要么被视为体育课程的分支课,成为德智体美四门课程的"附属品"与"随赠品"。因此,理清高校劳动教育理论课教学模式路径创新扮演的角色,方能彰显新时代高校劳动教育理论课在人才培养体系中的核心作用,真正做到对症下药。

中国特色社会主义进入新征程,一是高校劳动教育理论课可以让学生提升劳动精神状态、明晰劳动价值归属、增强劳动熟练本领,表现出独有的育人特质,在重塑学生劳动人生观、劳动责任感中发挥着独一无二的作用。二是高校劳动教育理论课作为启智、立德、健体、修美中必不可少的组成部分,作为与学生同向同行的基础性课程,愈发得到重点关照和聚焦。通过中华人民共和国成立70多年来高校劳动教育理论课所取得的突出成就可以见到,启智、立德、健体、修美,都与高校劳动教育理论课教学模式路径创新息息相关。在高校劳动教育理论课教学模式路径创新的进程中,学生从中能够获取、掌握和领会与日常学习生产生活息息相关的核心技能,体会到个人的力度、强度、高度和厚度,由此回馈社会、奉献祖国。唯有如此,方能凭借执着的职业坚守、深切的职业情怀融入全面建设社会主义现代化国家的洪流之中。在高校劳动教育理论课教学模式路径创新中,学生可以领会学习的魅力,能够有针对性地激发自身的潜力,将概括、静止的著述内容上升为鲜活、具有操作性的技能;在高校劳动教育理论课教学模式路径创新中,学生可以实现养成教育,走出所谓"妈宝"

的困境，领会生命的强度和深度。因此，新时代高校劳动教育理论课不但是一门独具特色、可单独成篇连段的教育课程，而且极富融合性。可见，新时代高校劳动教育理论课教学模式路径创新不仅是"实现劳动教育理论课程教学模式路径的创新"，而且是"实现创新的劳动教育理论课程教学模式路径"。由此，德智体美劳"五育人"并非简单并列、互不兼容的，通过新时代高校劳动教育理论课教学模式路径创新方能消除原有教育中存在的互不融通的痼疾，汇聚成育人协同力，促进教育提高水平。在全面建设社会主义现代化国家的新征程中，高校劳动教育理论课再获新生，与其他四育相互依存、相互协同。归根结底，新时代高校劳动教育理论课不但是德智体美劳"五育人"不可或缺的核心内容，而且是德智体美劳"五育人"的纽带和要害，为全面建设社会主义现代化国家的新征程打造优秀的未来建设者与生力军奠定了牢固的基石。

二、明确教学模式路径创新发展的指引：新时代高校劳动教育理论课教学模式创新与新时代劳动发展方向同向同行

进行新时代高校劳动教育理论课教学模式路径创新，一定要与时俱进地遵循当今劳动形态的发展方向、逻辑与规律。新时代高校劳动教育理论课教学模式路径创新并非仅仅搭建起学生养成平常学习、生产、生活技能的基础性目标，还要教育学生在开阔恢宏的新时代中去追寻建基立业的"金钥匙"，展示出"咬定青山不放松，立根原在破岩中"的张力和实力。新时代高校劳动教育

理论课教学模式路径创新要塑造的并非"与世无争的隐者",更不是"断了尘念的孤芳自赏者",而是新时代中国特色社会主义的建设者和接班人。而新时代高校劳动教育理论课教学模式路径创新正是开启这些优质素养的红色密码。恰像马克思指出的那样:"整个所谓世界历史是人通过人的劳动而诞生的过程。"[①]整个全球历史的演进都与劳动教育理论课教学模式路径创新密不可分,个体唯有与整个社会发展进程相适应,紧跟时代发展潮流,方能实现自我价值与美好生活。

劳动教育理论课教学模式路径创新集中表现为对物质劳动与精神劳动创新发展调整的理解和领会。如今创造性劳动已经成为生产力发展的加速器,第一二三产业的深度调整已经成为产业结构领域不可忽视的事实。《关于全面加强新时代大中小学劳动教育的意见》将彰显时代精神作为新时代高校劳动教育理论课教学模式路径创新的重要特征,要求"适应科技发展和产业变革,针对劳动新形态,注重新兴技术支撑和社会服务新变化。深化产教融合,改进劳动教育方式;强化诚实合法劳动意识,培养科学精神,提高创造性劳动能力"[②]。由此可见,新时代高校劳动教育理论课教学模式路径创新唯有与整个社会发展进程相适应,及时调位转向,紧跟时代发展潮流,令其能时刻保持旺盛的生命力与蓬勃的朝气,方能达到预期效果。

---

① 马克思恩格斯文集:第1卷[M]. 北京:人民出版社,2009:196.
② 关于全面加强新时代大中小学劳动教育的意见[N]. 人民日报,2020-03-27(01).

三、明确教学模式路径创新发展的核心要义：新时代高校劳动教育理论课教学模式创新以全面增强劳动素质为中心工作

新时代高校劳动教育理论课教学模式路径创新必然要做到以学生为中心，以学生的全方位劳动素质养为根本，摒弃过去高校劳动教育理论课程中存在的抽象、孤立的工具化趋势。《关于全面加强新时代大中小学劳动教育的意见》将新时代高校劳动教育理论课教学模式路径创新的核心要义表述为全面增强劳动素质，包括让学生掌握、领会和具备工业和农业的相关技能；造就学生良好的劳动习惯、自力更生的品格、劳动光荣的理念，树立良好的劳动作风，形成坚定的劳动立场等。其中，造就学生良好的劳动习惯、自力更生的品格、劳动光荣的理念是整个中心工作的重中之重，是构筑其他内容的核心。落实好新时代高校劳动教育理论课教学模式路径创新，应该重视与区分"体用"。当然，劳动光荣的理念是根本，新时代高校劳动教育理论课教学模式路径创新的重中之重就是培养学生从推崇劳动到推崇学识、推崇贤才、推崇创新；培养学生从心底里将劳动放在第一位，以不懈劳动为尊，以坐享其成为耻；培养学生时刻与人民心连心、心贴心的深情厚谊；培养学生充分释放出参与劳动、享受劳动的潜力与活力。因此，新时代高校劳动教育理论课教学模式路径创新需要以新时代劳动教育价值理念为出发点，以新时代劳动教育使命为着眼点，让"劳动最光荣、劳动

最崇高、劳动最伟大、劳动最美丽"入脑入心。《关于全面加强新时代大中小学劳动教育的意见》强调要培养学生"勤俭、奋斗、创新、奉献"①的劳动精神。诚然，造就学生良性的劳动光荣的理念是整个中心工作的重中之重，并非对劳动习惯、自力更生的品格弃而不用。新时代高校劳动教育理论课教学模式路径创新恰恰是通过无数遍的劳动技能的锤炼，通过无数遍的劳动实践，通过无数遍持之以恒的劳动习惯养成，使学生构筑起矢志不渝、百折不挠的劳动价值理念。

四、明确教学模式路径创新发展的价值理念：新时代高校劳动教育理论课教学模式创新以实现人的全面发展为最终价值遵循

新时代高校劳动教育理论课教学模式路径创新是马克思教育和生产劳动思想与中国高校具体实践融合的创新性产物。马克思主义认为："生产劳动和教育的早期结合是改造现代社会的最强有力的手段之一。"②但是，以前的高校劳动教育理论课教学，更多地关注和聚焦于平常学习、生产、生活的经验性的剖析和理解，高校劳动教育理论课仅仅被简单地表述为高校劳动教育技能理论课，过多地阐释了借助劳动获取劳动产品与社会财富，忽略了高校劳动教育理论课应该讲清楚"劳动教育是什

---

① 关于全面加强新时代大中小学劳动教育的意见[N]. 人民日报，2020-03-27（01）.
② 马克思恩格斯全集：第25卷[M]. 北京：人民出版社，1979：26.

么、教什么、怎么教"。新时代高校劳动教育理论课教学模式路径创新就是要让新时代高校劳动教育理论课寻求人的教育这个本真,关注劳动经验的积累,聚焦劳动教育在造就学生良好的劳动习惯、自力更生的品格等方面的突出效力。

在全面建设社会主义现代化国家的新征程中,纯糊口性的劳动在所有劳动中的占比会逐渐降低。同样,实现人的全面发展日益成为个体劳动的最终价值遵循,劳动将人的本真作为出发点和着眼点的要求愈来愈得到显现。正如马克思所说:"有意识的生命活动把人同动物的生命活动直接区别开来,正是由于这一点,人才是类存在物。"① "有意识的生命活动"即劳动或实践。可见,人与动物的区别在于通过劳动实现了从猿到人的飞跃,将世界历史从自然史推向了人类史,人从自然人变为社会人。由此,马克思指出:"劳动的对象是人的类生活的对象化:人不仅像在意识中那样理智地复现自己,而且能动地、现实地复现自己,从而在他所创造的世界中直观自身。"② 马克思以"类"为基础,重点强调唯有借助劳动方能体现出人类的存在价值,真实地展现出人的本质,让人成为人。而人的本质,并非以个体为参照物,而把"类"作为标准,将"全人类"集中研究,这是全人类共同的最具本真的属性和人类最本质的活动。在全面开启建设社会主义现代化国家的新征程中,由于人们需求的多样化,劳动承担着革新现实的针对性活动,不但能将精神体验变为物质现实,其自身也成了生

---

① 马克思恩格斯全集:第42卷[M].北京:人民出版社,1972:96.
② 马克思恩格斯全集:第42卷[M].北京:人民出版社,1972:97.

活的目的本身。在全面开启建设社会主义现代化国家新征程的过程中，劳动不再完全成为糊口的方式，更强调生活的意义。新时代高校劳动教育理论课教学模式路径创新就是要激发个体对最终生活意义的理解与领悟，深刻把握劳动自身也是一种生活，把劳动中物的特性与人的特性融合，为实现中华民族伟大复兴培养合格的继承者和接力人。

第二节

新时代高校劳动教育理论课教学模式路径创新的构成要件

一、良性的劳动价值教育理念

《关于全面加强新时代大中小学劳动教育的意见》对中小学生的劳动教育所提的标准，与对高校大学生的劳动教育所提的标准截然不同。究其原因，高校大学生是即将进入就业大军的"未来劳动力"。因此，大学生需要以爱劳动为出发点和落脚点，领会劳动之乐、理解劳动之根、把握劳动之源，理清劳动在社会发展和人的全面发展中扮演的决定性角色。新时代高校劳动教育理论课教学模式路径创新的中心任务就是要秉承马克思主义劳动观，启发学生构筑良性的劳动价值理念。

在世界历史发展的进程中，马克思主义理清了劳动在实现人的自由全面发展、构筑美好生活中发挥的关键性作用。马克思之前的学者在研究劳动时没有很好地阐释"劳动"的本真,更没能看到劳动在人类历史发展的各个阶段节点上起到的至关重要的作用。古希腊著名学者亚里士多德就曾提出:"奴隶、工匠和体力劳动者是不能称为市民的,因为劳动者的生活无法使人获得美德。"可见,他极不重视劳动,将劳动视为奴隶、工匠和体力劳动者的工作。近代,随着资本主义的发展成熟,众多有识之士发现了劳动与财富的联系,认为唯有劳动方能获得财富,并将获得财富作为劳动的最终动因,由此忘记了人自身的生命活动。

  亚当·斯密认为:"一国国民每年的劳动,本来就是供给他们每年消费的一切生活必需品和便利品的源泉。"[①]大卫·李嘉图认为:"劳动是一切价值的基础。"[②]马克思在详细探索劳动在世界历史发展进程中所扮演的关键性角色后,一针见血地强调:"人(工人)只有在运用其动物机能——吃、喝、性行为,至多还有居住、修饰等等的时候,才觉得自己是自由活动,而在运用人的机能时,却觉得自己不过是动物。"[③]这充分地阐释了劳动是人类发展成长成熟的原动力,说明劳动既促成了物质生活资料的形成,又结成了人与人之间的社会联系。当前,不少人对劳动存在一些认识上的误区,即严重脱离马克思主义劳动观,

---

① [英]亚当·斯密. 国民财富的性质和原因的研究:上[M]. 郭大力,王亚南,译. 北京:商务印书馆,1972:1.
② [英]大卫·李嘉图. 经济学及赋税之原理[M]. 郭大力,王亚南,译. 上海:上海三联书店,2008:1-18.
③ 马克思恩格斯全集:第42卷[M]. 北京:人民出版社,1972:94.

孤立地认识脑力劳动与体力劳动，单一地将劳动视为实现物质需求、提升财富的手段，忘记了劳动对于实现人自我价值和自由全面发展起到的关键性作用，让劳动丧失了原有的底色，让人的存在走入异化的泥潭。

新时代高校劳动教育理论课教学模式路径创新所提倡的良性的劳动价值教育理念是开启学生幸福之门的"金钥匙"，既可以激发学生在校学习期间奋发有为、成长成熟，又可以推动学生进入社会后进行良好的职业谋划。正如习近平总书记指出的那样："以实现中华民族伟大复兴为己任，增强做中国人的志气、骨气、底气，不负时代，不负韶华，不负党和人民的殷切期望。"[①]而上述所有这些期许都与劳动息息相关。新时代高校劳动教育理论课教学模式路径创新需要培育学生树立良性的马克思主义劳动观，让学生真学、真信、真做、真用劳动价值理念，让学生在劳动中张扬活力、勤思践悟、助推梦想。

二、良性的劳动精神教育理念

中国特色社会主义进入新时代，习近平总书记在多个场合中明确了我国要大力提倡劳动精神。《关于全面加强新时代大中小学劳动教育的意见》也深入地阐释了劳动精神的核心要义，将其表

---

① 庆祝中国共产党成立 100 周年大会在北京天安门广场隆重举行 中共中央总书记、国家主席、中央军委主席习近平发表重要讲话[N]. 人民日报，2021-07-02（01）.

述为"勤俭、奋斗、创新和奉献"①。针对高校特别明确了要加大创新的力度与强度,要求"高等学校要注重围绕创新创业,结合学科和专业积极开展实习实训、专业服务、社会实践、勤工助学等,重视新知识、新技术、新工艺、新方法的运用,创造性地解决实际问题"②。这是因为:一是加大创新的力度和强度与学生成长成熟成才息息相关。高校大学生适逢脑力、体力、眼力、脚力等处于峰值期,新时代高校劳动教育理论课教学模式路径创新需要抢抓机遇,将单纯的技能传授走向创新素养的传承和发扬。二是加大创新的力度和强度符合新时代新征程的新目标与新要求。开启全面建设社会主义现代化国家的新征程,劳动与科技、知识密不可分,劳动的现代化、科学化、体系化逐渐成熟。伴随人工智能的成熟和引入生产生活,人们逐渐对"机器接替人"产生了强烈的担忧,其本质是科技的提升与进步对人类劳动甚至人类的将来带来了巨大的危机感与紧迫感。人与机器之间良性的共频互动不会停滞科技变革的迅捷推进,反而会使人们逐步深刻理解科技的必要性,部分企业亦表现出对高效、创新性人才的渴求。高校大学生唯有具备创新创造才干,方能紧跟新时代新征程的步伐,完全表现自身的能力与水平;高校大学生唯有奋斗不息、努力不止,方能以"只争朝夕、不负韶华"的信心和决心,不懈地锤炼业务能力和水平,以便未来更好地服务祖国和人民。所以,

---

① 关于全面加强新时代大中小学劳动教育的意见[N]. 人民日报,2020-03-27(01).
② 关于全面加强新时代大中小学劳动教育的意见[N]. 人民日报,2020-03-27(01).

新征程赋予高校大学生劳动教育全新的职业期许,更加需要新时代高校劳动教育理论课教学模式路径创新提升劳动与创新的魅力,让高校大学生充分参与其中,进而造就一批业务拔尖、德才兼备、又红又专的劳动者。

三、良性的劳动态度教育理念

学生时代是人一生最美好的时光,大学生正在长身体、长知识、长才干,每天都有新收获,每天都有新期待,因此,特别需要通过新时代高校劳动教育理论课教学模式路径创新予以更好地指引和培养。

习近平总书记强调:"引导广大人民群众树立辛勤劳动、诚实劳动、创造性劳动的理念,让劳动光荣、创造伟大成为铿锵的时代强音,让劳动最光荣、劳动最崇高、劳动最伟大、劳动最美丽蔚然成风。"①历史的发展表明,所有坐享其成、坐收其利取得的愉悦都是短暂的、不切实际的,经不起时间和空间的检验,劳动诚实与否既属于道德问题又属于法律问题,不诚实的劳动不但会突破道德的边界,而且会违反法律的条款。高校大学生是我国今后劳动力就业大军中的主力,对国家富强、民族复兴、人民富裕发挥着不可或缺的作用。因此,高校大学生以诚实劳动为本,既能够展现良性的劳动风貌,又能够营造敬业诚信和张弛有序的市场氛

---

① 在庆祝"五一"国际劳动节暨表彰全国劳动模范和先进工作者大会上的讲话[N]. 人民日报, 2015-04-29 (02).

围。在开启全面建设社会主义现代化国家的新征程中,新时代高校劳动教育理论课教学模式路径创新必然要狠抓高校大学生的诚实劳动教育。

四、良性的劳动品质教育理念

开启全面建设社会主义现代化国家的新征程,需要在新时代高校劳动教育理论课教学模式路径创新中着力明确"劳动为了谁"。高校大学生在应对学业、入职和生活的挑战时,过去往往将劳动更多地窄化为生产劳动,只偏重劳动的经济价值,所以,高校劳动教育理论课教学模式路径创新更应该强调高瞻远瞩,重点聚焦高校大学生安邦定国的奉献精神,促进高校大学生在不懈的努力和拼搏中为全面建设社会主义现代化国家争添光彩。

《关于全面加强新时代大中小学劳动教育的意见》强调:"树立正确的择业观,具有到艰苦地区和行业工作的奋斗精神,懂得空谈误国、实干兴邦的深刻道理;注重培育公共服务意识,使学生具有面对重大疫情、灾害等危机主动作为的奉献精神。"[①]在新时代高校劳动教育理论课教学模式路径创新中构筑大学生安邦定国的奉献精神,其核心就是培育大学生将个人的发展规划和未来前程融入国家富强、民族复兴、人民富裕的伟大事业之中。在平常学习工作中,大学生因偏好、才干和机遇等不同,对个人的发展规划和未来期许肯定会迥然不同。同时,在每个人的发展历程中,肯定会有犹豫不

---

① 关于全面加强新时代大中小学劳动教育的意见[N]. 人民日报,2020-03-27(01).

决、踌躇不前之时，因此，党和政府就是大学生们有力的后援和牢靠的支撑。大学生唯有做到"我将无我，不负人民"，方能激发起无穷的勇气与毅力，攻坚克难、发愤图强。反之，一个无法做到胸怀家国的青年，犹如无源之水、无本之木。新时代高校劳动教育理论课教学模式路径创新需要启迪大学生与时代同向同行，与人民同呼吸共奋斗，在平常劳动、生产劳动、创造性劳动中与祖国风雨同舟、与人民同甘共苦，展示出奋斗与拼搏的精神。

第三节

新时代高校劳动教育理论课教学模式路径创新的核心任务

一、新时代高校劳动教育理论课教学模式路径创新须呈现出时代性

新时代高校劳动教育理论课教学模式路径创新呈现出的时代性更多地要求表现出全新的劳动形态，推陈出新地完善劳动教育本源、变革劳动教育式样。中国特色社会主义进入新时代以来，科技的持续创新和产业的持续更新铸就了全新的劳动形态。正如马克思指出的那样："生产劳动和教育的早期结合是改造现代社会的最强有力的手段之一。"①因此，依靠全面建设社会主义现代化

---

① 马克思恩格斯全集：第25卷[M]. 北京：人民出版社，1979：26.

国家新征程的特质，高校劳动教育必须推陈出新，踊跃地贴近、融入社会生产力，与之产生共融互通。而世代相传的劳动教育，如插秧间苗、栽秧打谷、摸鱼捞虾等劳动教育形态尚未落伍，也亟待融入全新的新征程元素。如在安排大学生务农时，必须将最新的农业现代化科技创新成果及时地展现，让学生成为中国特色社会主义农业文明成就和农民生产生活改善的亲历者和见证者，在实践中感受劳动最崇高和劳动人民最光荣。如在安排大学生务工时，既要让他们进厂入室，又要让他们走工业园访开发区。正如《关于全面加强新时代大中小学劳动教育的意见》强调的那样："鼓励高新企业为学生体验现代科技条件下劳动实践新形态、新方式提供支撑。"[①]在全面建设社会主义现代化国家新征程中，新时代高校劳动教育理论课教学模式路径创新主要应用和表现在创造性劳动方面。与世世相传的劳动教育仅聚焦于生产劳动的缺点相比，新时代高校劳动教育理论课教学模式路径创新更多地关注于劳动展现出的服务和公益特质，在劳动中构筑起人们相互间的亲密关系，为扶弱救困献出一份光和热。

二、新时代高校劳动教育理论课教学模式路径创新须呈现出全面性

在全面建设社会主义现代化国家新征程中，新时代高校劳动教育理论课虽然获得了与德智体美共行并进的位置，但打造卓有

---

① 关于全面加强新时代大中小学劳动教育的意见[N]. 人民日报，2020-03-27（01）．

成效的人才培养体系还需要德智体美劳"五育"共举互融互通，更需要形成"家—校—社—国"的培养合力。所以，新时代高校劳动教育理论课教学模式路径创新更多地呈现出全面性，为大学生走向自由全面的发展"筑桥铺路"。一是根据马克思主义劳动观，人的创造力、践行力、协调力等都基于劳动发生发展、成长成熟。新时代高校劳动教育理论课教学模式路径创新必须高举德智体美劳共行并进的旗帜，查漏补缺，构筑起独特的新时代高校劳动教育理论课教学机制体制，为新时代高校劳动教育理论课实现启智、立德、健体、修美的全方位立体化育人筑下坚实的基石。二是作为人类社会最为显著的特征之一——劳动，其教育的本源应来自于社会。新时代高校劳动教育理论课教学模式路径创新除按需保证充足的课时外，还应该整合国家、社会、家庭的劳动教育力量，形成多维度、一体化的新时代高校劳动教育理论课教学模式并全面展开。这些都呈现出新时代高校劳动教育理论课教学模式路径创新的全面性。

三、新时代高校劳动教育理论课教学模式路径创新须呈现出实践性

新时代高校劳动教育理论课教学模式路径创新必然要求知与行、动与静、理论与实践并行，其中尤以实践最为重要。《关于全面加强新时代大中小学劳动教育的意见》强调："实施劳动教育的重点是在系统的文化知识学习之外""让学生动手实践、出力流汗，

接受锻炼、磨炼意志"。①新时代高校劳动教育理论课教学模式路径创新就是要激发大学生踊跃参与体力劳动,让劳动成为大学生日常学习和生活中的主旋律,让劳动成为一种良好的习惯。马克思指出:"整个所谓世界历史是人通过人的劳动而诞生的过程。"②所以,劳动见解、劳动风貌、劳动理念、劳动情怀、劳动本领等都是劳动者在循环往复的劳动历程中创造建立的,也借助劳动者参与劳动实践展现出来的。大学生唯有踊跃融入劳动,方能融入社会、贴近劳动者,方能感知和体悟"劳动是财富的源泉,也是幸福的源泉""劳动是人类的本质活动,劳动光荣、创造伟大是对人类文明进步规律的重要诠释""劳动没有高低贵贱之分,任何一份职业都很光荣"等劳动理念,构筑良性的学习观、认知观和发展观。也唯有借助日常生活劳动、生产劳动和创造性劳动,大学生方能获得未来生存、发展与成熟的本领,提升自强能力、变革能力和奉献能力,体会新征程中劳动新形态和新路径对劳动者赋予的新使命和新需求。

四、新时代高校劳动教育理论课教学模式路径创新须呈现出多元性

新时代高校劳动教育理论课教学模式路径创新要在大学生中实现入脑入心入神,其中需要具备的一个核心条件就是要走进大学生群体、走进大学生生活。以前的高校劳动教育理论课教学过

---

① 关于全面加强新时代大中小学劳动教育的意见[N]. 人民日报,2020-03-27(01).
② 马克思恩格斯文集:第 1 卷[M]. 北京:人民出版社,2009:196.

于关注和强调整体效果，忽视了个性发展，表现为所有的课程整齐划一、千篇一律，课程因未能彰显大学生特点而成效不明显。新时代高校劳动教育理论课教学模式路径创新就是要突破旧有的完全统一安排、统一谋划的定式，主动出击、主动作为，推出个性鲜明、独特的高校劳动教育理论课教学。新时代高校劳动教育理论课教学模式路径创新需要采取"因地制宜、因人而异"的方针，突出区域和高校差别，比照各时期大学生个体的不同需求，遵循大学生的个体差异，有的放矢地进行。如校址靠近山野、田园等自然资源丰盈的地方，新时代高校劳动教育理论课教学模式路径创新重点应聚焦务农实践；而校址靠近城镇化程度较高的地方，新时代高校劳动教育理论课教学模式路径创新重点应聚焦街道、小区、企业实施务工实践；校内就建有农场的，则可以借助地理优势，让学生充分参与，在插秧间苗、栽秧打谷、摸鱼捞虾等劳动中体会"不劳无获"的道理；校内缺乏上述所有条件的，则需要借助校内资源，适度地把学校内涉及值班、看护、巡查等劳动安排给学生，让学生在岗位职守中感受和体会到幸福安定生活的艰辛；校内自身就带有长久历史传承的劳动文化特色的，可以依托这一特色，将其与高校劳动教育理论课教学模式相结合，引领学生领会精益求精的力度、能工巧匠的效度、不懈追求的韧度。换句话说，唯有有的放矢，方能让新时代高校劳动教育理论课教学模式路径创新释放出全新的魅力与活力，让大学生树立优秀的劳动品德。同时，《关于全面加强新时代大中小学劳动教育的意见》还与时俱进地提出把"劳动分为生产性劳动和非生产劳动""非生产性劳动再细分为日常生活劳动和服务性劳动"。①由此，新时代高校劳动教育理论课教学模式路径创新就要围绕上述三个方面来开展工作，改变以往把劳动教育与生产劳动教育划等号的简单粗暴的做法，进一步呈现出新时代高校劳动教育理论课教学模式路径创新的多样性。

第四节

新时代高校劳动教育理论课教学模式路径创新的运行机制

要理清楚新时代高校劳动教育理论课教学模式路径创新，首先要理清楚其发生发展成长成熟的现实场景，把握新时代新征程对其形成与发展的影响力和作用力。

一、新时代高校劳动教育理论课教学模式路径创新的时代背景

（一）新时代高校劳动教育理论课教学模式路径创新表现出新态势

伴随着社会生产力的发展，劳动无论从内容到形式还是从理论到实践都发生了全新的变革。在开启全面建设现代化国家新征

---

① 关于全面加强新时代大中小学劳动教育的意见[N]. 人民日报，2020-03-27（01）.

程中，劳动与更多的生产生活要素实现了深度融合，这必然要求劳动者自身提高本领、素质，实现物质劳动与精神劳动的密切结合，智能劳动、创造性劳动、服务性劳动成为开启新征程期间的全新要义劳动者要更好地入职履责，必然要主动出击，主动学习和领会，秉持创新理念。

劳动与更多的生产生活要素实现了深度融合，特别是科技的提升刷新了人类对劳动的认知、对劳动承载物的理解、对劳动对象类别的解读，不仅能大大提高劳动者的素质，而且让劳动者主动改进自身。马克思认为，生产工具显示"直接生活的物质生产"的发展程度，"更能显示一个社会生产时代的具有决定意义的特征"。①我们正面临"世界百年未有之大变局"，互联网、物联网等科技革命日新月异，劳动工具得以前所未有地创新创造，社会生产力得以进一步提高。因此，一些手工劳动日益为现代化机械所代替，一些劳动职位日渐消亡，这些都给人们头脑中固定的劳动理念和劳动思维产生新的影响，让某些人误以为科技的进步削弱了劳动的作用，社会对劳动者的期望值逐步下降。但是，真实情况恰恰相反。如从手工擀面到机器制作面条，科技的进步和推动让劳动工具日益革新，含有高学识、高科技的劳动职位日益代替手工劳动职能，要求劳动者具备更高的素质。"手推磨产生的是封建主为首的社会，蒸汽磨产生的是工业资本家为首的社会"②，新征程中的高精尖技术的进步亦会更深入地扩大劳动对象的界限，为人们配备全新的劳动富

---

① 马克思恩格斯全集：第23卷[M]. 北京：人民出版社，1972：204.
② 马克思恩格斯全集：第4卷[M]. 北京：人民出版社，1958：44.

源,增强劳动效率。就如今的劳动者来讲,只有具备最新最全的劳动素养方能符合建设社会主义现代化强国的要求。如今,科技对生产力发展的提升作用日益明显,为实现21世纪中叶全面建成社会主义现代化强国的战略目标,全体劳动者要求具有更高的素养,让我国逐步从人口大国向人才强国转型,以提升我国的国际形象和国际地位,朝着经济提质增效的目标发展。

新征程中,传统意义上的体力劳动与脑力劳动逐步实现了进一步交融,富含知识化、技能化、创造力的新型劳动业态层出不穷。科技的发展有利于传统产业的变革和换代,传统产业在变革和换代中促进了就业溢出和就业迁移。众多富含知识化、技能化、创造力的新型劳动业态的出现,赋予了劳动全新的含义。新时代网购、物流、网上银行等全新的服务业态,直播带货、猎头、自媒体等新兴行业,短视频制作、大数据服务、物联网、电子商务等尖端行业不断出现。实践表明,就业岗位并未因劳动的进步而减少,反而极大地刺激了许多人对就业的期望和需求。从本质上看,就业岗位与劳动需求之间的变化只是实现了从传统业态走向新兴业态,以往"危难险重"的劳动日益被摒弃,转而走向富含知识化、技能化、创造力、安全性的新型劳动业态。这些转变从显性要素来看是由科技发展引发的,其根源却是人们需求的提升。马克思认为:"随着大工业的持续发展,创造现实的财富……决定一般的科学水平和技术进步或科学在生产上的应用"[1],"必须改

---

[1] 马克思. 机器·自然力和科学的应用[M]. 北京:人民出版社,1980:207.

变劳动过程的技术条件和社会条件,从而变革生产方式本身,以提高劳动生产力"①。恰恰是人们对增强劳动自主性的迫切性和推动人的全面发展的殷殷期望日益促进了科学的发展和劳动方式的改进。新时代的劳动者需要客观地领会新形态劳动的涌现,应积极主动地增强个人的劳动素养,并致力于借助创造性的劳动实现劳动形态的创新创造,让人的主观能动性在劳动中得到更全面的展现。

新时代新征程,我国劳动形态的进步态势,已经从单纯为了生存时期转变为体面劳动时期。马克思认为:"劳动已经不仅仅是谋生的手段,而且本身成了生活的第一需要。"②当前,我国仍处于并将长期处于社会主义初级阶段的基本国情没有变,我国是世界上最大发展中国家的国际地位没有变,因此,我们需要客观地认识当前我国劳动进步的态势和将来发展的态势。在我国开启进入第二个百年奋斗目标之际,我国从整体上建成了全面小康,社会生产力的进步让一些劳动者不再为糊口谋生而奔走辛劳,他们开始着眼于从劳动中取得获得感和成就感,在劳动中展现自我价值。然而必须注意的是,如今依旧有一定数量的劳动者仍然在"危难险重"的劳动中奔波操持,他们的生命健康与安全需要得到保护。所以,需要聚焦于从劳动中取得成就感和获得感,在劳动中展现自我价值。

新时代新征程,实现体面劳动,既要求社会营造良性的劳动

---

① 马克思恩格斯全集:第2卷[M].北京:人民出版社,1980:5.
② 马克思.哥达纲领批判[M].北京:人民出版社,2014:6.

条件、氛围和环境,又要求劳动者个人增强劳动素质。劳动者唯有树立良性的劳动观和价值观,积极主动地重视劳动、发展创造,方能在劳动中享有获得感和成就感,在劳动中展现自我价值。

(二)新时代高校劳动教育理论课教学模式路径创新呈现出新特质

新时代的大学生,其性格特征及劳动素质与之前相较,呈现出独特的状态,这也就让新时代高校劳动教育理论课教学模式路径创新呈现出新特质。

1. 新时代大学生在劳动素养方面的不足,让新时代高校劳动教育理论课教学模式路径创新呈现出新特质

如今,社会的大大进步,极大地丰富了大学生的物质生活水平,众多的大学生尚未感受和接触到长辈们以往所经历的艰辛与困苦,对劳动的必要性了解不足、感悟不深,由此,给人留下了"不珍惜劳动成果、不想劳动、不会劳动"①的不好印象。并且,这部分大学生好多都是独生子女,他们是父母的中心,肩负着父母的殷切期望。为便于他们专注地学习,好些家长总是越俎代庖地为他们处理工作、学习中碰到的难题,甚至简单的家务劳动也承担了,这使得大学生的自我管理能力、调适能力和抗压能力都未能得到更好的锻炼。在大学里,也有类似"妈宝"这样的大学生存在,他们即使有闲暇,也依旧使用家政服务打扫寝室或将换洗衣物、床单打包运回

---

① 关于全面加强新时代大中小学劳动教育的意见[N]. 人民日报,2020-03-27(01).

家让家长代劳。可见，新时代大学生确实需要树立劳动理念与劳动素养。

2. 新时代大学生在劳动理念方面的不足，让新时代高校劳动教育理论课教学模式路径创新呈现出新特质

进入新时代以来，文化的多元多样性凸显，各种社会思潮纷纷涌入，各种各样的劳动观纷至沓来，这些对大学生的世界观、人生观和价值观产生了不小影响，亟待诚意正心、补偏救弊。首先，新时代新征程，我国取得了举世瞩目的成绩，然而我国仍处于并将长期处于社会主义初级阶段的基本国情没有变，我国是世界上最大发展中国家的国际地位没有变，他们的劳动保障、劳动收入、劳动时间等都需要得到保护。这些让大学生会产生"劳动之问"，将劳动视为"低等"工作，看低劳动、看低平常的劳动者，进而会令大学生在未来踏入社会后眼高手低、急功近利。其次，某些人鼓吹的无节制消费、享受等不良思想易引发大学生走向单纯信奉金钱的境地。受这些不良思想的感染，大学生会形成饱食终日、游手好闲的习惯，在一定程度上会降低大学生发愤图强、刻苦努力的斗志，打击大学生在新时代建基立业的积极性与主动性。所有这些都需要新时代高校劳动教育理论课教学模式路径创新予以调整。

由此可见，新时代大学生的劳动素养和劳动理念面临着新特征，但其前景无限。"对劳动的需求是人天生就有的。但是，这种天生的需求既可以被不断强化，也可以逐渐地减弱，而劳动教育

在这方面起着重要的作用。"①大学生劳动素养和劳动理念不足的根源之一就是新时代高校劳动教育理论课教学模式路径创新未能实现强化与深入,从家庭到学校到社会,都未能全面、深入地聚焦于新时代大学生的劳动素养和劳动理念的培育。然而,我们必须明确,正处于心智、认知、创新等素养提升的高峰期,同时兼有浓厚的价值追求,希望可以在新征程中成就一番事业。新时代高校劳动教育理论课教学模式路径创新,可以让新时代大学生积极主动地增强自身的劳动素养和劳动理念,成为全面建设社会主义现代化国家的优秀建设者与生力军。

二、新时代高校劳动教育理论课教学模式路径创新的价值

(一)社会价值:为实现中华民族伟大复兴的中国梦而凝神静气

进入新时代,大学生作为颇有引领力的群体,备受注目。大学生劳动素养和劳动理念的提升既是全面建设社会主义现代化国家新征程的要求,也是营造热爱劳动、推崇劳动、信奉劳动氛围的重要途径。

新时代高校劳动教育理论课教学模式路径创新有助于倡导中华民族民生在勤的风尚。民生在勤是我国的立家之源、兴国之途,勤劳是人们对劳动一贯的观念。民生在勤代表了人们推崇劳动,甘于吃苦耐劳,用劳动构筑美满幸福、扩大个人的活动空间,塑

---

① 赵荣辉. 劳动教育及其合理性研究[M]. 北京:中央民族大学出版社,2012:188.

造良性的生活态势。民生在勤，也是中华民族长盛不绝的前提。中国古代以农业为本，农耕文明绵延千年，养育了一辈又一辈中华儿女。人们克服了劳动工具简陋、劳动资源不足的困难，以民生在勤作为追求快乐幸福的手段。

让人感怀的是，中华民族的民生在勤意蕴深远，并非局限于对物质财富的渴望，更表达出对人的自觉自省的挖掘。在中国古代，人们的劳动基础设施虽然严重不足，但匠人层出不穷，他们能够激发出个人的积极性和竞争力，将聪慧及对美的思考展现于劳动创造之中，让劳动本身演化成文化品。都江堰、浑仪与简仪、《本草纲目》等璀璨夺目的劳动成果数不胜数，这些焕发出聪慧之光、涵盖厚重文化底蕴的劳动成果全面凸显了中华民族民生在勤的风尚。中共中央、国务院颁布的《关于实施中华民族优秀传统文化传承发展工程的意见》强调："把跨越时空的思想理念、价值标准、审美风范转化为人们的精神追求和行为习惯，不断增强人民群众的文化参与感、获得感和认同感，形成向上向善的社会风尚。"因此，新时代高校劳动教育理论课教学模式路径创新需要让大学生思劳动、愿劳动、能劳动，就是弘扬中华民族民生在勤的风尚，增强新时代劳动者的劳动素养和劳动理念，培植厚重的精神支柱和价值追求。

新时代高校劳动教育理论课教学模式路径创新有助于营造劳动最光荣的浓厚氛围。实现中华民族伟大复兴要求所有劳动者以满腔的劳动激情倾注到开启全面建设社会主义现代化国家的新征程之中，积极主动地在劳动中开发自身的创造力与竞争力。但是，唯有劳动者体会到社会对他们的关心与支持，他们的劳动创造力方能得以全面地迸发。因此，新时代新征程应尽力打造劳动最光荣、创造最伟大的良性氛围，让推崇劳动、推崇知识、推崇人才、推崇创造蔚然成风。我国的宪法开门见山地指出，劳动者是国家的主人。现实中，我国更应主动地借助各项法律法规确保劳动者的责任与权利。新时代高校劳动教育理论课教学模式路径创新为掀起新一轮马克思主义劳动理念的高潮搭建了全新的舞台，既可以增强大学生的劳动意识，又可以引领更多的大学生进一步把握和领会劳动的实质与作用，在全社会形成尊重劳动、尊重劳动者的良性氛围，营造劳动最光荣的浓厚氛围，让新时代的劳动者用勤劳的双手和汗水为实现中华民族伟大复兴的中国梦而共同奋斗。

新时代高校劳动教育理论课教学模式路径创新有助于通过真抓实干夯实现代化建设的基础。中国特色社会主义进入新时代以来，劳动者应做到真抓实干，开启全面建设社会主义现代化国家的新征程。真抓实干需要劳动者兢兢业业地劳动，兼具斗争精神和奉献精神。开启全面建设社会主义现代化国家的新征程，我国实现了第一个百年奋斗目标，但是需要真抓实干方能实现第二个百年奋斗目标。

新时代高校劳动教育理论课教学模式路径创新有助于督促大学生纠正劳动理念，秉承正确的工作观。客观明确地抉择方能全面展示自己的劳动能力，并为全面建设社会主义现代化国家的新征程开好局、起好步，为实现中华民族伟大复兴的中国梦贡献自己的一份光、一份热。因此，需要吸引更多的人胸怀祖国、放眼全球，撸起袖子加油干。

（二）个体价值：为推动学生个人价值的实现而不遗余力

新时代高校劳动教育理论课教学模式路径创新有助于提高大学生劳动素养，强化劳动理念。新时代融知识化、智能化、创造力于一体，尤其是智能化劳动工具的出现对个人的生产生活带来了较大的影响。劳动者唯有领会和把握了最新最全的知识和技能，方能成为生产生活的主人，开启有质量的生产生活。同时，大学生作为未来的劳动者，承担着实现中华民族伟大复兴的重任，唯有具备较高的劳动素养，方能在改革开放的大潮中把准方向、屹立不倒。

新时代高校劳动教育理论课教学模式路径创新有助于培养大学生独立的人格。独立思考、独立实践与独立操守，明辨是非的能力与个人独立处置问题的能力，是在社会中立身行道、建基立业的根本。培养独立人格，一是学会独立生活，即具备劳动能力，这是大学生进入社会的出发点和落脚点。二是学会独立思考，即"人们首先必须吃、喝、住、穿，就是说首先必须劳动，然后才能争取统治，从事政治、宗教、哲学等等"[①]。通过劳动，人和客观世界、人和生产实践、人和生活实践也就产生了必然的交集，并逐渐成长成熟；对劳动认识的过程，也就是了解社会、走入社

---

① 王亚南.资产阶级古典政治经济学选辑[M].北京：商务印书馆，1979：290.

会的过程。这也证明,劳动是一个人走向独立人格的关键环节。新时代是智能化的时代,人们的劳动模式逐渐专业化和现代化,由此引发人们过于依靠技术的现象,不利于生理、心理和个性发展。新时代高校劳动教育理论课教学模式路径创新有助于将劳动融入大学生日常的点点滴滴,提高学生的操作能力,推动大学生在劳动中熟悉现代劳动器具,打开思维空间,逐步摆脱技术依赖,最终实现独立人格,为实现人生价值追求打下良好的基础。

新时代高校劳动教育理论课教学模式路径创新有助于大学生树立牢固的理想信念。牢固的理想信念便于引领大学生有序地做好人生设计,让大学生信心百倍地面对困境、不断努力。伟大的理想信念起于劳动、树立于劳动、成于劳动、终于劳动。农民改革致富的领头人、全国劳模吴仁宝曾论及引领华西村改革的原因时强调:"我是穷过来的,看到有人穷我就心疼,我最大的心愿就是让穷人过上好日子,这是我的原动力。"① 唯有在实际的劳动中,才能近观时代、近观社会、近观劳动者,近距离地感受人生冷暖,进一步感悟社会,从而产生出服务社会,与人民共命运、同甘苦的大众情怀。唯有在实际的劳动中,人们方能预判个体与社会将来的进步态势。因此,应主动将个体融入国家,为个人的努力倾注更厚重的伟力。如今,众多毕业后愿意到落后地区、到艰苦领域落户的大学生常常都在学习时进行有关的劳动体验,他们通过这样的体验领悟扶持个体、贡献社会的成就感,日益提升劳动认

---

① 彭维峰. 劳动改变中国:1978—2018[M]. 北京:中国工人出版社,2019:12.

知度与劳动责任感，明确作为中华民族伟大复兴中国梦的未来建设者与生力军的使命感。

新时代高校劳动教育理论课教学模式路径创新有助于大学生磨炼品性、锻造意志。强大的品性与意志是帮助人们摆脱困境、走向成功的基石。新征程为大学生的个人进步搭建了成功的阶梯，也会有残酷的社会考验。大学生唯有培养起笃定的品性与意志，方能自如地面对困境与难题。在实际中，因为劳动经验不足，好些大学生常常只看到部分功成名就的人表面风光，未能深挖他们背后辛勤的操劳，由此产生了坐享其成的念头。比如，现在好多大学生将"网络主播"作为个人的工作追求，粗浅地以为这类工作无须费时耗力，谈笑间通过他人的"打赏"就能赚个盆满钵满。但是，事实远远没有那么简单，实际能名声大噪的网络主播凤毛麟角。"种瓜得瓜，种豆得豆"是毋庸置疑的事实，从来没有谁能随随便便成功，怀着坐享其成思维的大学生往往对成功的理解出现了偏差，对一路上的荆棘缺乏全面的认识，倘若与磨难曲折不期而遇，往往就会措手不及、备受打击，乃至颓废消沉，动摇理想信念。劳动绝非一帆风顺，一直都具有纪律性和规范性，其发生发展进程都会耗费心力与精力。总之，倘若人们开启全新的劳动时，因为措施和与预案不足，时常会遇到困难，在这一进程中人们的劳动体验通常是疲倦和辛苦。然而，人们驾驭了劳动技能后，便有精力聚焦劳动进程与劳动成就，在劳动中充分展现自身的主观能动性，进而领会到劳动引发的幸福感与愉悦感。换言之，劳动的历程即攻坚克难的历程。所以，劳动是磨砺人生、锤炼意志、增强能力的关键环节。新时代高校劳动教育理论课教学模式路径创新有助于让大学生持续融入劳动锻炼,既可以让大学生看清幸福生活的来之不易,又可以了解到幸福生活源于不懈的劳动,还能更清楚地明白这一进程肯定不会风平浪静。

新时代高校劳动教育理论课教学模式路径创新有助于增强大学生的获得感。获得感是个体的理解与领悟,是人们衡量生活美满与否的标准。人们在劳动中挖掘知识的创造力和竞争力,建功立业,体会到自身对社会的贡献,增强人的兴奋度与价值感,推动人们主动融入生活、追寻更高人生理想。新时代新征程,人们都希望有更多的获得感,然而人们对获得的思考并非仅仅驻足于生理上和物质财富上的"得到",还进一步强调物质财富更多的"得到"和精神财富的丰实。至于怎么来落实获得感,需要强调劳动获得观、奋斗获得观。劳动获得是一种源自心里的、根深蒂固的"得到",并非片刻的、让人亢奋的瞬间的愉悦,它"强调的是人通过劳动创造获得类本质而内心持久地感受到的真实幸福"[①]。然而,对处于追逐时代潮流尖端的大学生来说,丰饶的物质财富不足以让他们拥有足够的幸福感与获得感,"信手拈来"的美满赶不上"努力奋斗"的美满更接地气、更为痛快、更有满足感及更为酣畅淋漓。但是,如今一些大学生往往将日常生活的常态表达为无助无聊、空虚寂寞,向繁杂的工作、学习和生活"拱手投降",

---

① 何云峰. 马克思劳动幸福理论的当代诠释和时代价值——再论劳动人权马克思主义[N]. 上海师范大学学报:哲学社会科学版,2018(5):30-39.

尝试以自嘲的方式释放情绪，这折射出一些大学生对现实某种程度的悲观失望、灰心沮丧，也反映出大学生在其发展成熟历程中表现出来的心态层面的寂寥无助、生活层面的手足无措和学习层面的千回百转，这与大学生少了劳动的历练、缺了劳动的阅历和没了劳动的情怀密切相关。新时代高校劳动教育理论课教学模式路径创新有助于引领大学生构筑起良性的劳动理念，提升大学生的劳动认知，转变大学生的劳动思想，推动大学生在劳动中领悟和把握生命的厚重、人生的真谛，由此增强满足感，增强为中国人民谋幸福、为中华民族谋复兴的信心与决心。

03 第三章

高校劳动教育理论课教学模式路径创新实施情况

人类社会留存与延续的基石是劳动，劳动教育也早已成为学校教育不可或缺的重要组成部分，不仅在学生发展成熟中承担着重要的作用，而且为优良社会习惯的形成奠定了基础。自中国共产党成立以来，劳动教育在不同的时期有不同的特点。表述与阐释好中国共产党成立以来高校劳动教育理论课教学模式路径创新各个阶段的发展进程，对于进一步深入落实新时代高校劳动教育理论课教学模式路径创新具有重要的作用。

第一节

新时代高校劳动教育理论课教学模式路径创新的历史考察

一、萌芽与初创期（1921—1949）

大致来说，高校劳动教育理论课教学模式路径创新的研究始于1921年。当时，毛泽东同志在《湖南自修大学组织大纲》中，第一次对大学中的劳动展开了详尽的阐释："为破除会破除文弱之习惯，图脑力与体力之平均发展，并求知识和劳力，两阶级之接近，应注意劳动。"①第二次国内革命战争时期，中华苏维埃政府把马克思主义教育思想与中国革命的具体实践密切联系起来，取得了实绩，"教育与劳动的连线"成为现实，并被充分地运用到革

---

① 中共中央文献研究室. 毛泽东年谱（1893—1949）：上卷[M]. 北京：人民出版社，中央文献出版社，1990：86.

命根据地的各项生产生活之中。1934年,中华苏维埃二大中,"教育与劳动的连线"被列为苏区建设发展的战略要务。之后,由于抗战的开始和全面内战的爆发,劳动教育朝着服务和服从于战时需要的方向发展,高校劳动教育蕴含着浓厚的革命特色。因此,实现了劳动教育的全面总动员,对象既包括党员干部,又涵盖高校的师生员工,他们不仅一起加强革命理论的研修,而且使日常生产生活劳动服务服从于革命,提供物质财富,在学理上取得了重大突破,在实践中得到了拓展。其时,党所兴办的一些高校依然表现出培训党员干部的特征,并非完全具有与如今类似的专修性的高等教育的宗旨、特性与要义,但其对劳动的科学内涵、构成要件、基本特征与运行机制的阐释为高校劳动教育理论课教学模式路径创新奠定了良好的基础。

二、探索与发展期(1949—1956)

中华人民共和国成立后,所有行业、产业都蓄势待发,国家的当务之急是配齐配足从事于生产劳动的建设者和工作者,所以,国家制定了教育无所不至地服从于工农、服从于生产的路线、政策。在这期间,我国开始以苏联的教育观念与教育方针为蓝本,积极采纳了扬凯诺夫的劳动教育设计和规划。1949年颁布的《共同纲领》中开宗明义地表明,"爱劳动"应作为国民公德的重要组成部分之一。1950年,首届全国高等教育会议明确提出:教育发展应将理论与实践结合,高校需要深刻地融入社会主义事业生产劳动中去，着力造就以工农背景的精英贤才。同年，国家逐步在所有师范院校初步推行和设置了与劳动关系密切的具体课程。在这个时期，劳动教育的定义和内涵初步有了一些表述，即借助整合工农业生产劳动，构建起良性的劳动理念，由此形成国民奉献于劳动的理念、思维及认知，走出重脑力劳动轻体力劳动的误区，并将其列为共产主义道德教育的核心要义。1954年，政务院颁行了涉及"推动和促进教育的有关要求"，强调劳动教育应成为共产主义道德教育不可分割的重要组成部分。在这一阶段，高校劳动教育理论课教学模式路径创新受到了社会推动进程的深刻影响，但仅仅实现了教育与劳动的简单叠加。

三、过渡与曲折期（1956—1978）

1956年，我国完成了三大改造，教育也得到了突飞猛进的发展。1958年，党中央明确，教育应该密切联系生产劳动。在此期间，劳动教育开始"校企联姻"，社区、企业、农庄等都走入高校，合作建设。在这阶段，高校劳动教育理论课教学模式路径创新思路清晰、导向鲜明，突出劳动教育应显示出思想变革的特性；劳动教育能够承继生产生活的本领与才干；劳动教育的施行举措可以有效延展，如田间地头、工厂车间、学校社区等；劳动教育的推动应在校内发生发展。其后，受"左"的思想的干扰，劳动教育与教育教学走向割裂，体力劳动者与脑力教育者被绝对地划分出来，劳动教育日益成为阶级斗争的手段。1963年，我国全盘吸收苏联模式,收紧理论学习,提升实践课的占比,使"教育与劳动联姻"的举措日益陷入墨守成规、照本宣科的境地。1964年,《高等学校毕业生劳动实习试行条例》强调,把体力劳动转为劳动践行的关键性要素,让学生将注意力聚焦于劳动践行。在"左"的思想的导向下,劳动教育成为处分的手段。1966年,由于"文化大革命"的发生,学校轻学习重劳动、教育教学走向体力劳动化等倾向与表征日渐明显,大大脱离了"劳动与教育联姻"的本来目的,劳动教育的本质属性被一再误解。这一阶段的劳动教育纯粹地被视为与体力劳动等同。

四、恢复与再造期(1978—2010)

这一时期,我国吸取了"文化大革命"的教训,开始实行改革开放,将重心逐步延伸到经济建设中,强调文化教育才是推动生产发展的动力,因此,劳动教育不再被纳入体力劳动的范畴,而且把脑力劳动涵盖其中。在这个阶段,劳动教育被表述为:培养劳动观点、习惯、技能,成为手脑并用、全面发展的人的教育。[①]所以,劳动教育从定义到内涵回归其原本属性,表现为:劳动教育可以增强理论与实践的本领;劳动教育有助于成就人走向全面发展,成为其不可或缺的重要组成部分;劳动教育阐明了体力劳动的重要性。1993年,国家推行的《中国教育改革和发展纲要》

[①] 陈辺沅. 论教育方针与新时期的总任务[J]. 人民教育,1978(6):13-17.

中将劳动技能放在与思想道德、文化科学、身体心理同等重要的位置。所以,劳动素养成为专家学者们重点关注的课题。1995年,教育与劳动的关系明确地表述为"教育与生产力结合"。之后,很多期刊都对此开了专栏、头条,探讨教育与劳动联姻的问题。由于劳动教育观念的日渐深入,劳动素养为再造劳动教育奠定了基础。然而,在具体施行中,由于科技在国家发展和社会进步中逐步居于引领地位,"劳动教育"一词中具有本质特性的"劳动"二字被日益划出,其"科技"含量日渐丰富。2001年,国家再次把劳动教育与科技联姻,将其列为综合实践课程的重要组成部分,让劳动教育转向为技能的修习,与日常文娱联系在一起,引领学生的日常学习和生活。

五、跨越与繁荣期(2010 至今)

2010年,我国推行了《国家中长期教育改革和发展规划纲要(2010—2020)》,明确应提升劳动教育、激励劳动的热忱。2020年,我国推行了《关于全面加强新时代大中小学劳动教育的意见》,强调"把劳动教育纳入人才培养全过程,贯通大中小学各学段,贯穿家庭、学校、社会各方面"[①]。同时,习近平总书记也多次在不同场合的讲话中一再强调劳动教育,彰显其突出的作用。21世纪以来,劳动突出了重围,走出了误区,实现了跨越,并立足

---

① 关于全面加强新时代大中小学劳动教育的意见[N]. 人民日报,2020-03-27(01).

于新时代新征程，拓宽和延展了理念宗旨，高校劳动教育理论课教学模式路径创新由此进入新阶段。

第二节

新时代高校劳动教育理论课教学模式的现状研究

　　劳动教育理论课同样是高校落实立德树人根本任务的关键课程，承担着为党育人、为国育才的重要职责。以习近平同志为核心的党中央高度重视劳动教育理论课建设，作出了一系列重大决策部署，出台了系列政策性文件。深化新时代高校劳动教育理论课改革创新、加强劳动教育理论课建设，必须坚持劳动教育理论课理论性与实践性的统一，既要用科学理论来培养人、实现价值引领，也要高度重视劳动教育理论课的实践性，引导学生将人生抱负落实于脚踏实地的实际行动中，将学习奋斗之具体目标同民族复兴的伟大目标相结合，实现知行合一。知行合一是劳动教育理论课教育教学追求的境界和价值旨归。劳动教育理论课与思政课一样，应实现知、情、意、行的统一，同时也为推动高校劳动教育理论课改革创新，在理论和实践的结合中实现知行合一擘画了蓝图、指明了方向。各地区教育主管部门、各高校结合自身工作实际和本地区特色资源优势，聚焦主题，通过多种方式开展劳动教育理论课知行合一模式实践探索，取得了较为显著的成效。这就需要我们及时借助实证调研和案例剖析的方法，全面总结高校劳动教育理论课运用知行合一模式的具体做法，提炼可供推广的有益经验，并深度分析依然存在的问题和面临的困境。

一、新时代高校劳动教育理论课建设现状

高校劳动教育理论课就是要旗帜鲜明、坚持不懈地传播马克思主义科学理论，讲清讲透习近平新时代中国特色社会主义思想的时代背景、重大意义、科学体系、精神实质、实践要求，全面推动习近平新时代中国特色社会主义思想进教材进课堂进学生头脑，夯实大学生成长成才的科学思想基础，引导大学生树立正确的世界观、人生观、价值观，不断提高大学生对劳动教育理论课的获得感。

2015年，《全国人民代表大会常务委员会关于修改〈中华人民共和国教育法〉的决定》强调："教育必须与生产劳动与社会实践相结合。""教育与劳动"的融合以法律法规文本予以落实。

2017年颁布的《关于深化教育体制机制改革的意见》强调："要引导学生践行知行合一，积极动手实践和解决实际问题。"从机制体制上确定了劳动教育应加大理论与实践聚合的力度。

2020年颁布的《关于全面加强新时代大中小学劳动教育的意见》和《大中小劳动教育指导纲要（试行）》强调："通过劳动教育，使学生能够理解和形成马克思主义劳动观，牢固树立劳动最光荣、劳动最崇高、劳动最伟大、劳动最美丽的观念；体会劳动创造美好生活，体认劳动不分贵贱，热爱劳动，尊重普通劳动者，

培养勤俭、奋斗、创新、奉献的劳动精神；具备满足生存发展需要的基本劳动能力，形成良好劳动习惯。"①可见，劳动教育理论课承担着对大学生进行系统的马克思主义理论教育的任务，是巩固马克思主义在高校意识形态领域指导地位、坚持社会主义办学方向的重要阵地，是全面贯彻党的教育方针、落实立德树人根本任务的主干渠道和核心课程，是加强和改进高校思想政治工作、实现高等教育内涵式发展的灵魂课程。

2020年，《中共中央关于制定国民经济和社会发展第十四个五年规划和二〇三五年远景目标的建议》明确指出，教育是国之大计、党之大计，承担着立德树人的根本任务。劳动教育理论课是落实立德树人根本任务的关键课程，发挥着不可替代的作用。党的十八大以来，以习近平同志为核心的党中央高度重视劳动教育理论课建设，作出了一系列重大决策部署，各地区各部门和各级各类学校采取了有力措施认真贯彻落实，劳动教育理论课建设取得显著成效。同时也要看到，面对新形势新任务新挑战，有的地方和学校对劳动教育理论课重要性认识还不够到位，课堂教学效果还需提升，教材内容不够鲜活，教师选配和培养工作存在短板等。

新时代高校劳动教育理论课建设应该全面贯彻党的教育方针，坚持马克思主义指导地位，贯彻落实习近平新时代中国特色社会主义思想，坚持社会主义办学方向，落实立德树人根本任务，

---

① 关于全面加强新时代大中小学劳动教育的意见[N].人民日报，2020-03-27（01）.

坚持教育为人民服务、为中国共产党治国理政服务、为巩固和发展中国特色社会主义制度服务、为改革开放和社会主义现代化建设服务，扎根中国大地办教育，同生产劳动和社会实践相结合，加快推进教育现代化、建设教育强国、办好人民满意的教育，努力培养担当民族复兴大任的时代新人，培养德智体美劳全面发展的社会主义建设者和接班人。

党的十八大以来，以习近平同志为核心的党中央高度重视劳动教育理论课建设，作出一系列重大决策部署，劳动教育理论课建设在改进中不断加强，课堂教学状况显著改善，大学生学习劳动教育理论课的获得感明显增强。中国特色社会主义进入新时代，对高校劳动教育理论课发挥育人主渠道作用提出了新的更高要求。新时代高校劳动教育理论课需要做到六个"坚持"：一是坚持党对劳动教育理论课建设的全面领导，把加强和改进劳动教育理论课建设摆在突出位置。二是坚持劳动教育理论课建设与党的创新理论武装同步推进，全面推动习近平新时代中国特色社会主义思想进教材进课堂进学生头脑，把社会主义核心价值观贯穿国民教育全过程。三是坚持守正和创新相统一，落实新时代劳动教育理论课改革创新要求，不断增强劳动教育理论课的思想性、理论性和亲和力、针对性。四是坚持劳动教育理论课在课程体系中的政治引领和价值引领作用，统筹大中小学劳动教育理论课一体化建设，推动各类课程与劳动教育理论课建设形成协同效应。五是坚持培养高素质专业化劳动教育理论课教师队伍，积极为这支队伍成长发展搭建平台、创造条件。六是坚持问题导向和目标导向相结合，注重推动劳动教育理论课建设内涵式发展，全面提升学生思想政治理论素养，实现知、情、意、行的统一。

二、新时代高校劳动教育理论课建设取得的成就

大学生是国家最宝贵的人才和资源，是中国特色社会主义现代化事业的建设者和接班人，他们的思想文化素质事关整个中华民族的未来。步入新时代，以习近平同志为核心的党中央高度重视劳动教育工作，包括青年大学生的劳动教育工作，劳动教育理论课建设也取得显著成效。

（一）教师队伍建设初见成效

劳动教育理论课教师是高校劳动教育理论课实现立德树人根本任务的关键。2020年教育部颁布的《关于全面加强新时代大中小学劳动教育的意见》指出，劳动教育理论课教师就是指承担高等学校劳动教育理论课教育教学和研究职责的专兼职教师，他们是高等学校教师队伍中开展马克思主义理论教育、用习近平新时代中国特色社会主义思想铸魂育人的中坚力量。这股中坚力量在党和国家的各项方针政策的大力支持下，不断提升自己的职业素养和综合素质，加强师德师风建设，充分履行使命担当职责。

古语："国无德不兴，人无德不立。"师德是对教师最基本的规范，只有师风师德高尚的教师才能培养出品行端正的学生。

各高校都严格落实劳动教育理论课教师的准入制度,"把劳动教育纳入教师培训内容,开展全员培训,强化每位教师的劳动意识、劳动观念"[①]。在日常教学中要着力监督高校劳动教育理论课教师的思想道德素质和师德师风建设,推行师德师风考核负面清单制度,建立教师个人信用记录,严控师德师风失范问题,确保高校劳动教育理论课教师都具有良好的思想品德、职业道德。

作为高校劳动教育工作的主力军和排头兵的教师,是马克思主义理论的坚定信仰者和忠实传播者,是中国共产党执政的坚定支持者,是大学生成长成才的有力引导者,是培养时代新人的重要责任者。马克思主义是我们党的指导思想,是我们在意识形态领域的伟大旗帜,高校劳动教育理论课课堂是宣传马克思主义理论的主阵地,承担着培养大学生树立马克思主义的世界观、人生观和价值观的光荣使命。高校劳动教育理论课教师既要信仰马克思主义,也要向学生传播马克思主义理想信念,帮助学生系好人生的第一颗扣子,真学、真信、真用马克思主义。这对于拔节孕穗期的青年大学生而言显得尤为重要。

高校劳动教育理论课教师是上好劳动教育理论课的关键,更是落实立德树人根本任务的关键一环。劳动教育理论课教师的专业素养是直接影响劳动教育理论课教学效果的重要因素。高校劳动教育理论课教师可通过参加培训、参与学术研讨会、手拉手集体备课等方式,全面提升自己的专业素质。习近平总书记强调,

---

① 关于全面加强新时代大中小学劳动教育的意见[N]. 人民日报,2020-03-27(01).

教师要有三种视野：知识视野、国际视野和历史视野。高校劳动教育理论课教师一方面在广泛涉猎其他专业知识、构建多元化知识体系的同时，要置身于世界舞台中央来看中国、看世界。同时，站在历史唯物主义的角度，深入学习中华民族历史和世界文明史，尤其是我国的劳动教育理论课教学模式的发展历史，如此才能更好地给学生讲述"中国共产党为什么'能'、中国特色社会主义为什么'好'，归根到底是马克思主义'行'"的深刻道理，从而牢固树立"四个意识"、增强"四个自信"。

新时代高校劳动教育理论课教师队伍建设成效显著，除了与教师个人努力有关，学校及外部因素的保障条件同样重要。首先是组织上有保障。从中共中央、国务院到教育部等多部门一再发文强调劳动教育理论课建设的重要性。高校劳动教育理论课，实行的是一把手负责制。其次是经费上有保障。高等院校每生每年都有专项经费，劳动教育理论课教师的学术交流和实践研究有了经费保障。最后是发展有保障。从国家社会科学基金办、教育部到各省市教育主管部门，都设有劳动教育研究专项以及教师择优资助计划，这极大地激发了高校劳动教育理论课教师从事劳动教育理论课教学科研的积极性和主动性。

总之，劳动教育理论课教师是劳动教育理论课铸魂育人的重要承担者。在党中央的高度重视下，在各地方政府、高校以及劳动教育理论课教师的齐心协力下，我国的高校劳动教育理论课教师队伍建设颇有成效。不论是师德师风、理想信念，还是专业素质和职业修养，都有了极大的改善和提高。

新时代高校劳动教育理论课的任务，就是用习近平新时代中国特色社会主义思想铸魂育人，增强大学生的使命担当，培养能够担当民族复兴大任的时代新人。党的十八大以来，在以习近平同志为核心的党中央坚强领导下，我国的社会主义现代化建设面貌焕然一新，中国特色社会主义步入新时代。新时代的高校劳动教育理论课教师牢牢把握劳动教育理论课的话语权，理直气壮开好劳动教育理论课，切实担当起了统一思想凝聚力量、培养民族复兴大任时代新人的历史使命。在国家政策和大学的支持下，在全体劳动教育理论课教师和学生的共同努力下，高校劳动教育理论课的思想性、理论性和亲和力、针对性都在不断增强。新时代高校劳动教育理论课教学效果提升的主要原因在于：顶层设计规划合理，教学者——高校劳动教育理论课教师队伍建设初见成效，教学过程——教材、教学手段、教学管理不断完善，教学考核——针对思政教师和学生的考核评价更加合理。

（二）及时统一使用不断更新的统编教材

在劳动教育理论课教材内容方面，教材内容与时俱进，不断精进完善。早在2015年，《全国人民代表大会常务委员会关于修改〈中华人民共和国教育法〉的决定》就提出要全面加强和改进劳动教育理论课，深入推进中国特色社会主义理论体系进教材、进课堂、进学生头脑。整体推进教材、教师教学等多方面综合改革创新，编写出充分反映马克思主义中国化的最新理论成果、教师认可学生喜爱的系列教材。具体而言，就是要以统编教材为基础，建设集思想性、科学性、可读性为一体的劳动教育理论课立体化教材体系。首先，大力推进统编教材编写使用；其次，编写完善教学系列用书，把《习近平总书记系列讲话读本》等作为劳动教育理论课教学重要参考书目；最后，切实推进优秀优质教学资源共享。各地高校加强高校劳动教育理论课网站建设，整合当地所有高校的优质网络教学资源，切实采取措施推动各种优质教学网络资源共建共享。

2017年颁布的《关于深化教育体制机制改革的意见》强调："要引导学生践行知行合一，积极动手实践和解决实际问题"，从机制体制上确定了劳动教育应加大理论与实践聚合的力度、体力与脑力聚合的力度。2018年，十三届全国人大一次会议通过一项宪法修正案，习近平新时代中国特色社会主义思想同马克思列宁主义、毛泽东思想、邓小平理论、"三个代表"重要思想、科学发展观一起被确立为指导思想，载入《中华人民共和国宪法》。教育部颁布了相关文件，明确要紧密围绕学习贯彻习近平新时代中国特色社会主义思想，把坚定"四个自信"贯穿教学全过程，重点讲授党的理论创新最新成果，重点讲授新时代坚持和发展中国特色社会主义的生动实践。要开设好全面从严治党形势与政策专题，重点讲授党的政治、思想、组织、作风和纪律建设以及贯穿其中的制度建设的新举措和新成效。还要开设好关于我国经济社会发展形势与政策专题，重点讲授中共中央关于经济、政治、文化、社会和生态文明建设方面的新决策、新部署。还有关于港澳台、国际形势与政策专题，重点讲授推动构建人类命运共同体的新理念和新贡献。

2020年中共中央办公厅、国务院办公厅联合印发《关于全面加强新时代大中小学劳动教育的意见》，确定由国家教材委员会组织统编统审统用国家统一开设的大中小学劳动教育理论课教材。在教材中会及时融入马克思主义中国化的最新成果，并研究编制习近平新时代中国特色社会主义思想进课程教材指导纲要，以及建设劳动教育理论课网络教学资源库，让全体思政工作者共建共享优质的网络教学资源，努力推动形成全党全社会努力办好劳动教育理论课、教师认真讲好劳动教育理论课、学生积极学好劳动教育理论课的良好氛围。

2020年教育部印发的《大中小劳动教育指导纲要（试行）》（以下简称《纲要》），着眼于大中小学劳动教育理论课程一体化设计，大中小学生的课程目标都是以了解学习、理解把握习近平新时代中国特色社会主义思想为课程主线，坚定"四个自信"，做德智体美劳全面发展的社会主义建设者和接班人。大学阶段更侧重培养大学生的使命担当精神，深刻领会习近平新时代中国特色社会主义思想，矢志不渝听党话跟党走，争做社会主义合格建设者和接班人。在契合大学生成长规律和认知特点的基础上，"树立正确的劳动观念""具有必备的劳动能力""培育积极的劳动精神""养成良好的劳动习惯和品质"。① 大学生的"劳动教育理论

---

① 教育部关于印发《大中小学劳动教育指导纲要（试行）》的通知（教材〔2020〕4号）[J]. 中华人民共和国教育部公报，2020（7）：2-11.

课"在《关于全面加强新时代大中小学劳动教育的意见》中进一步明确为:"普通高等学校要明确劳动教育主要依托课程,其中本科阶段不少于32学时"①,被《大中小劳动教育指导纲要(试行)》进一步明确为:"普通高等学校要将劳动教育纳入专业人才培育方案,明确主要依托的课程,可在已有课程中专设劳动教育模块,也可专门开设劳动专题教育必修课,本科阶段不少于32学时。"②

在党中央的统筹规划和各部门的密切配合下,高校劳动教育理论课教材不断被赋予新的内容。主要有:刘向兵主编的《新时代高校劳动教育论纲》(2019)和《劳动通论》(2020);蔡炳育、吴自力等主编的《大学生劳动教育教程》(2020);檀传宝主编的《劳动创造美好生活——劳动教课教材》(2020);平杰等主编的《劳模精神与劳动教育》(2021);张茜等主编的《大学生劳动教育实用手册》(2021);赵鑫全、张勇主编的《新时代大学生劳动教育》(2021);孙家学主编的《新时代劳动教育通论》(2021);田鹏颖主编的《劳动教育概论》(2022)等。主要聚焦于"以习近平新时代中国特色社会主义思想为指导,全面贯彻党的教育方针,落实全国教育大会精神,坚持立德树人,坚持培育和践行社会主义核心价值观,把劳动教育纳入人才培养全过程"③。

---

① 关于全面加强新时代大中小学劳动教育的意见[N]. 人民日报,2020-03-27(01).
② 教育部关于印发《大中小学劳动教育指导纲要(试行)》的通知(教材〔2020〕4号)[J]. 中华人民共和国教育部公报,2020(7):2-11.
③ 关于全面加强新时代大中小学劳动教育的意见[N]. 人民日报,2020-03-27(01).

总体而言，高校劳动教育理论课教材始终坚持习近平新时代中国特色社会主义思想的指导，充分反映了马克思主义中国化的最新成果、中国特色社会主义的理论实践以及本学科的最新进展，也遵循了教材建设的基本规律。统编教材的修订、使用，都是为了学深悟透习近平新时代中国特色社会主义思想。

（三）守好课堂教学主渠道

高校劳动教育理论课是大学生思想政治教育的主渠道，劳动教育理论课的目的是用习近平新时代中国特色社会主义思想铸魂育人。要让习近平新时代中国特色社会主义思想进教材进课堂进头脑，高校劳动教育理论课就必须坚持以课堂教学为主、其他教学形式为辅。高校劳动教育理论课的具体教学内容会随时代的变化而更改，但始终以马克思主义为指导，用党的最新理论成果武装大学生的头脑。理论知识的传授与习得，首选的教学方式是以教师为主导的课堂教学模式。当然，在新的历史条件下应该借助先进的新媒体在实践中深化对理论的认知，但仍然应该坚持以课堂教学为主。

在课堂教学中，劳动教育理论课专任教师可以用自身的理论魅力、语言魅力、人格魅力感染学生，给予学生潜移默化的影响。在此基础上，高校劳动教育理论课教师在透彻掌握理论知识的前提下，在课堂上传道、授业、解惑。传播马克思主义理论，抓好马克思主义理论教育，为学生的成长奠定科学的思想基础，帮助学生筑牢马克思主义的信仰之基，夯实马克思主义在意识形态领域的指导地位。同时，教学管理是提升高校劳动教育理论课教学效果的重要保证。课堂教学是加强和改善课堂管理的最佳形式，有助于切实提升大学生在劳动教育理论课堂上的获得感、存在感和幸福感。

随着社会的不断进步以及人类信息技术的不断发展，新兴的传播工具不断涌现，人类社会已经进入一个全新的时代——"网络时代"。网络对于高校而言，是一把"双刃剑"。在给高校劳动教育理论课带来困难和挑战的同时也带来新的机遇和手段。现代科学技术的迅速发展促使信息技术进入社会的各个领域，影响着人们的思维方式、学习方式和行为方式。高校劳动教育理论课作为一门集授知、立德、树人于一体的意识形态课程，更应该与时代发展相适应，主动与信息技术接轨、融合，形成一种新的教学形态。因此，高校劳动教育理论课必须要适应教育信息化的大趋势，将网络技术融合于课程教学之中。

高校劳动教育理论课作为大学生进行思想政治教育的主渠道，直接关系到为社会主义建设培养什么样的人这一根本问题。伴随着互联网技术的广泛应用，"互联网+"已经渗透到了人们生活的方方面面，劳动教育理论课传统的教学模式已经难以适应学生多样化的需求。在此背景下，如何将互联网技术应用到劳动教育理论课教学改革当中，以教育信息化带动教育现代化，成为高校思想政治理论工作亟需解决的问题。

（四）适时采取网络教学和实践教学模式

新时代高校劳动教育理论课运用网络教学的理论意义在

于：第一，能够进一步加深对高校劳动教育理论课教学理论的研究。高校劳动教育理论课是巩固马克思主义在高校意识形态领域指导地位、坚持社会主义办学方向的重要阵地，承担着传播马克思主义主流意识形态、传递社会主义核心价值观的重要任务。进一步把握网络技术的特征与高校劳动教育理论课的课程性质，深入探究两者之间内在的联系，进而促进两者深度融合，可以进一步加深对高校劳动教育理论课教育教学理论的研究。第二，能够创新思想政治教育理论方法。本书会提出促使网络技术与高校劳动教育理论课教学进一步深度融合的方法，并争取将这种方法推广到高校劳动教育理论课教学活动的全过程，使其更好地服务于高校劳动教育理论课课程改革，实现高校劳动教育理论课教学的网络化。

新时代高校劳动教育理论课运用网络教学的现实意义在于：第一，能够从已有的关于网络技术与高效劳动教育理论课教学融合的研究中总结出劳动教育理论课教学当前的实践要求。网络技术单纯地作为一种传递工具转变为其与高校劳动教育理论课教学的融合，我们能够更清楚地认识到高校劳动教育理论课教学的实践要求，能够更清楚地认识到过去教学模式上的缺陷，从而摸索出更有效的教学方式。第二，有助于进一步探索更加有效的教学模式，提高高校劳动教育理论课教学的实效性。探索网络技术与高校劳动教育理论课教学深度融合，我们能够顺应当前劳动教育理论课教学改革的大趋势，更好地推动教学改革，探索出一些有建议性、可操作性的教学模式和组织形式，进而将劳动教育理论课教学内容以一种更容易让受教育者接受的方式输送出来,充分有效地利用高校资源,为更多高校劳动教育理论课教学信息化提供参考,不断改善高校劳动教育理论课教学效果,提高高校劳动教育理论课教学的实效性。

网络教学的独特性在于:第一,从教学模式的角度来看,可实现由单边式教学模式向双向互动式教学模式转变,由注重理论习得的教学模式向知行统一的教学模式转变,从单一型教学模式向立体型教学模式转变。第二,从教学效果的角度来看,可以提高劳动教育理论课教师的教学水平,提高大学生的综合素质。第三,大学生的理论创新和独立思考的能力也会在网络教学过程中得到提升,从而认识事物发展的规律,接受思想政治理论。但网络教学也不是完美无瑕的,其缺点表现为:一是学生对于良莠不齐的网络信息辨析度不高;二是对于懒惰的学生,网络教学无能为力;三是网络教学具有时间上的滞后性。因此,在大多数情况下,多数高校劳动教育理论课都采取以课堂教学为主、网络教学为辅的策略。可以运用网络技术,注入课堂新活力,开通思政教学博客,架起师生沟通互动的桥梁,利用微博新载体,探索高校劳动教育理论课教学新模式,建设高校劳动教育理论课网站,搭建教师资源共享平台。

近年来,我国高度重视高校劳动教育理论课的网络教学。2020年中共中央、国务院颁行的《关于全面加强新时代大中小学劳动教育的意见》强调:"重视新知识、新技术、新工艺、新方法应用，创造性地解决实际问题。"①教育部颁行的《大中小劳动教育指导纲要（试行）》强调："组织开展专题教研、区域教研、网络教研，通过协同创新、校际联动、区域推进，提高劳动教育整体实施水平。"②这些文件不仅是推进高校劳动教育理论课网络教学改革的重要依据，也为劳动教育理论课建设提出了明确的目标要求。

不少高校对此也进行了积极的探索，总结了初步经验，取得了阶段性成果。高校劳动教育理论课运用网络技术提高了学生在劳动教育理论课上的主动性和参与度，让课后管理与讲授环节相得益彰、互相统一，让课堂管理智能化，提升了劳动教育理论课的教学效果。还有的劳动教育理论课实施虚拟实践教学，丰富和完善劳动教育理论课实践教学的新模式，促使高校劳动教育理论课教师形成全新的实践教学理念。也有的高校劳动教育理论课结合网络平台，构建虚拟课堂，提高学生学习思想政治理论的热情，增强大学生对中国特色社会主义实践的深刻理解，从而提升高校劳动教育理论课的针对性和感染力。

尤其是 2020 年初以来，在新冠肺炎防控期间"停学不停课、教学不延期"的指导思想下，全国高校劳动教育理论课借助在线课程、第三方平台，以展示优秀视频等多种方式如期开学。

---

① 关于全面加强新时代大中小学劳动教育的意见[N]. 人民日报，2020-03-27（01）.
② 教育部关于印发《大中小学劳动教育指导纲要（试行）》的通知（教材〔2020〕4 号）[J]. 中华人民共和国教育部公报，2020（7）：2-11.

可见，网络教学模式具有资源共享、不限时间不限地点的强大优势。

网络技术与高校劳动教育理论课课堂教学的有机结合，对于高校劳动教育理论课教学范式的推广，受教育者自主性和创造性的张扬，具有深远的意义。新时代高校劳动教育理论课运用网络教学，既有效发挥了高校劳动教育理论课课堂教学模式的传统优势，又结合了新技术。这是一个有着深刻价值意蕴的理论命题，又是一个被注入了时代内涵的鲜活生动的论题。新时代高校劳动教育理论课网络教学模式研究能够指引我们更加理性地对待互联网，并利用互联网提升高校劳动教育理论课教学效果，更好地完成立德树人的根本任务。

总之，网络信息已经深刻影响甚至改变了年轻大学生的人生观、价值观和思维方式等。我们只能因势利导、顺势而为，让教师掌握一定的网络信息技术并将其应用于课程教学，将网络信息技术与思想政治教育相结合，尊重学生的主体性地位，注重师生互动，提高教学实效性，从而推进新时代高校劳动教育理论课教学改革。然而，要在教学实践中更好地运用网络教学，促进两者的深度融合，提高高校劳动教育理论课教学的实效性，还有待于进一步探究。如何更好地增强学生对劳动教育理论课的获得感，还需进一步分析其在运用中的制约因素，进而找到优化的路径。

新时代高校劳动教育理论课实践教学是劳动教育理论课程教学中的重要环节，教学活动的开展、教学过程的进行、教学方法的实施、教学手段的运用都会影响理论教学的效果，进而影响对大学生进行系统的世界观、人生观、价值观教育和引导。新时代高校劳动教育理论课实践教学吸引力和感染力的提升，对于推动高校劳动教育理论课的改革创新具有重要意义。

马克思主义创始人及中国共产党人任历来格外重视在实践中考察青年的教育问题，认为实践是使青年确证其本质的重要途径，从而对青年在实践中成长的教育价值、教育目标、教育内容、教育原则等进行了深刻阐释，形成了青年在实践中成长成才"何以必要""如何实行"的一整套系统性论断，为我们在新的历史条件下深入探索青年成长成才问题提供了有效的认识论前提和方法论原则。新时代高校劳动教育理论课实践教学模式创新研究为劳动教育理论课实践教学创新提供新思维、新理念和新模式，能够增强高校劳动教育理论课的魅力，促使高校劳动教育理论课不断焕发出新的活力。

实践教学的运用，可以促使高校劳动教育理论课教师理清高校劳动教育理论课程内容、马克思主义理论、实践教学三者之间的内在关联，从马克思主义实践观的角度出发解读新时代高校劳动教育理论课实践教学，厘清实践教学与理论教学、实践教学与社会实践之间的联系和区别，摆正新时代高校劳动教育理论课实践教学的地位和作用。在认识论的层面，认识到新时代高校劳动教育理论课实践教学现存问题的根源所在，从而在方法论的层面采取有效的对策，使新时代高校劳动教育理论课实践教学的实效性和针对性不断提升。立足于实践教学的内涵及其精神实质，高校劳动教育理论课实践教育的教育者应引导受教育者在身体力行的实践中理解和接受课程内容,在理论层面接受以课程内容的观念形态所反映的与之密切联系的社会实践——物质生产实践、社会关系活动实践、科学与实验的指导思想、发生过程及结果,从而在新时代高校劳动教育理论课实教学活动中发挥教育者与受教育者的能动性,使受教育者通过学习和掌握马克思主义理论体系的实践成果,最终认识和掌握自然界与人类社会发展规律、社会主义发展规律和人的全面发展规律,并改造自然界与人类社会,促进人的全面发展与社会全面进步。努力探索劳动教育规律、劳动教育理论课教学规律和大学生成长的规律,引导师生树立正确的世界观、人生观和价值观,增强师生对中国特色社会主义的道路自信、理论自信、制度自信和文化自信,培养又红又专、德才兼备的全面发展的中国特色社会主义合格建设者和可靠接班人。

经调查研究发现,高校劳动教育理论课实践教学体系中存在人文关怀不够的情况。在劳动教育理论课教学中加入实践教学环节,有助于深化劳动教育理论课教学模式路径创新的理论研究成果,转变高校劳动教育理论课实践教学方式,有助于培养高校师生的社会公德、职业道德、家庭美德和个人品德,提高师生道德修养。

很多高校的劳动教育理论课都充分利用重大历史事件纪念活动、爱国主义教育基地和劳动节纪念日等开展劳动教育理论课实践教学。这有利于中国特色社会主义劳动教育理论体系进教材、进课堂、进头脑,增强高校师生对党中央治国理政新理念新思想和新战略的高度认同，增强对中国特色社会主义和中华民族伟大复兴梦的信心。

理论教学与高校劳动教育理论课实践教学的有机结合，对于高校劳动教育理论课教学范式的推进、受教育者自主性和创造性的张扬，具有深远的意义。因此，这既是一个有着深刻价值意蕴的理论命题，又是一个被注入了时代内涵的鲜活生动的实践论题。新时代高校劳动教育理论课实践教学模式创新能够指引我们更为理性地对待及全面梳理高校劳动教育理论课实践教学经验，使教学过程从经验层面上升到理论层面，有利于推动高校劳动教育理论课教育教学的科学化建设。

总之，课堂教学是高校劳动教育理论课的主阵地，守好建好主阵地，再辅之以实践教学、网络教学等教学形式和方法，劳动教育理论课就在守正与创新之间保持了必要的张力，高校劳动教育理论课的思想性、理论性、亲和力和针对性都可以得到有效提高。

（五）不断创新使用多种教学方法和模式

2020年中共中央、国务院颁行的《关于全面加强新时代大中小学劳动教育的意见》强调："积极探索具有中国特色的劳动教育模式，创新机制体制，注重教育实践，实现知行合一，促进学生形成正确的世界观、人生观、价值观。"[①]经过调研发现，劳动教

---

① 关于全面加强新时代大中小学劳动教育的意见[N]. 人民日报，2020-03-27（01）.

育理论课建设成效显著与教师创新教学方法、教学模式密不可分。传统的教学方式只有灌输式教育,有且只有课堂教学一种模式。在新时代,高校劳动教育理论课教师集思广益、博采众长,案例教学法创造性地使用了案例式、互动式、专题式、探究式等教学方法,并取得了良好的教学效果。下面试以几种教学方法为例加以说明。

1. 案例教学法

案例教学法是指把案例引入课堂环节,引导学生综合运用所学的理论知识去分析解决实际问题的一种教学方法。案例教学法问世已逾百年,在法学或者管理科学领域应用较早,也较广泛。在高校劳动教育理论课课堂,由于教材篇幅有限,案例不一定能得到及时更新。要应用案例教学法,就需要高校劳动教育理论课教师关心时政,遴选出与授课内容相关的案例,以生动说明教材上的理论。

案例教学法最大的特点在于生动性。与抽象的知识不同,案例来源于生活。新时代大学生的代入感和理解力更强,案例教学法在客观上有助于大学生对理论知识的理解。与案例生动性紧密相关的另一特点在于案例教学法的吸引力更大。高校劳动教育理论课需要提升大学生的到课率、抬头率和点头率,而案例教学法正好具有这样的吸引力。生动的案例,加上老师合理组织语言并与适当的知识点相结合,教学效果会比单一的理论教学出彩很多。

案例教学法在高校劳动教育理论课中应用得当的话，还有助于讲好中国故事，建设"金课"。习近平总书记在多个场合都提到讲好中国故事的重要性。中国故事是劳动教育理论课重要而宝贵的资源库。运用案例教学法，将中国故事中蕴含的中国力量和中国精神传递给学生，对于厚植学生的爱国情怀和使命担当精神大有裨益。大学劳动教育理论课"金课"的建设标准在于高阶性、创新性和挑战度。所以，高校劳动教育理论课教育教学不仅是一项教学活动，还是一项政治任务。要打造劳动教育理论课"金课"，不仅要在教学形式上实现多样化，而且要在教学内容上做出合理安排。在以"内容为王"的前提下，运用案例教学法实现精准思政，就会让高校劳动教育理论课课堂教学有高阶性、创新性。

新时代高校劳动教育理论课的受众群体多以"95后"和"00后"大学生为主，与以往的大学生相比，他们的物质生活条件有极大改善，知识面更广，自主意识也更强。所以，他们在教育上渴望合作、交往和交流，希望能与老师平等交流、平等对话。因此，高校劳动教育理论课教师在主导整个教学活动的过程中，应重视与学生的互动和反馈，适时调整授课内容和进度，让劳动教育理论课切实落实立德树人根本任务。

"互动"原本是一个社会学专业术语，意即在具体情境与一定社会背景下个体和群体、个体和个体、群体和群体之间传播信息，产生相互影响的交往活动。在高校劳动教育理论课的互动教学模式中，教师不再是教学的唯一主体，教师最主要的作用是启发和引导学生。学生通过参与互动，由原来被动的接受者转变为教学活动的参与者和实践者，甚至还可能是主导者。如此一来，学生参与劳动教育理论课堂教学的积极性和主动性就会得到充分调动。而且，学生为了更好地表达自己的观点，还会提前做些资料上的准备，从而锻炼了其笔力、脑力、眼力和脚力。

对于高校劳动教育理论课教师而言，互动式教学与以往的教师"满堂灌输式"讲授最大的不同在于，课堂不可控的几率增大。不同专业背景、不同思维方式的学生在面对同一个问题时，他们的答案极有可能相差极大，甚至有可能与教师预期的方向相左。这就对教师的专业素质、心理素质、临场应变和综合掌控课堂的能力提出了更高的要求，也在客观上要求高校劳动教育理论课教师提升自己的专业素质和综合素养，从而努力做到政治强、情怀深、思维新、视野广、自律严、人格正，自觉用习近平新时代中国特色社会主义思想武装头脑，做学习和实践马克思主义的典范，做为学为人的表率。

2. 专题教学法

专题教学法是指以课程的教学大纲和教学目标为依据，通过对教材整体内容的把握、提炼和糅合，将教材体系按照不同的主题，整合成一个个具有相对独立性而又有内在联系的许多个专题或模板进行教学的一种方式。专题式教学在新时代新形势下有自身的优势。2020年中共中央、国务院颁行的《关于全面加强新时代大中小学劳动教育的意见》强调："除劳动教育必修课程外，其他课程结合学科、专业特点,有机融入劳动教育内容""统筹安排课内时间,可采用集中与分散相结合的方式""深化产教融合,改进劳动教育方式"。①

2020年,教育部颁行的《大中小劳动教育指导纲要(试行)》强调:要切实改进高等学校劳动教育理论课教育教学的方式和方法,其中就谈到:"对学校劳动教育开课率、学生劳动实践组织的有序性,教学指导的针对性,保障措施的有效性等进行督查和指导。"②尤其针对课型"每学年设立劳动周,采用专题讲座、主题演讲、劳动技能竞赛、劳动成果展示、劳动项目实践等形式"③,应该分专题研究和介绍当前劳动教育理论课教学模式创新中的重大课题,深化和拓展本科阶段劳动教育理论课学习,进一步掌握劳动教育理论体系,坚定中国特色社会主义信念。同时,还强调:"组织研发展示劳动过程、劳动安全要求的数字资源,梳理来自教学一线的典型案例和鲜活经验,形成分学段、分专题的劳动教育课程资源包,促进优质资源的共享与使用"④,要加强劳动教育

---

① 关于全面加强新时代大中小学劳动教育的意见[N]. 人民日报,2020-03-27(01).
② 教育部关于印发《大中小劳动教育指导纲要(试行)》的通知(教材〔2020〕4号)[J]. 中华人民共和国教育部公报,2020(7):2-11.
③ 教育部关于印发《大中小劳动教育指导纲要(试行)》的通知(教材〔2020〕4号)[J]. 中华人民共和国教育部公报,2020(7):2-11.
④ 教育部关于印发《大中小劳动教育指导纲要(试行)》的通知(教材〔2020〕4号)[J]. 中华人民共和国教育部公报,2020(7):2-11.

理论课教材体系建设，除了要科学制定教材建设规划，还需要分课程组织编写高校劳动教育理论课专题教学指南。

高校劳动教育理论课开展专题式教学最重要的原因在于，专题式教学具有三方面特点。一是内容主题更鲜明。专题式教学是根据相同的主题来划分的，因此，每一个专题的主题很鲜明、明确，学生很容易抓住每个专题的关键词，从而有利于完成每一个专题的教学目标。二是教学形式多样化。既然授课的内容分成了不同的主题，在同一主题框架上就可以综合运用多媒体、实践教学、讨论互动式、问题导入式等多种教学方式和手段，激发学生对劳动教育理论课的兴趣和认可度。三是教学效果会更优。专题式教学法的实施，一般需要一个教师团队分担不同的专题教学。这就有利于每一位劳动教育理论课教师发挥自己的专长，选择自己相对比较擅长的专题来教学。这有助于高校劳动教育理论课教师更好地将教材体系转化为教学体系，将教学与科研相结合。

总之，高校劳动教育理论课教师在采用专题式教学、教材被重构之后，学生对劳动教育理论课的教学内容更加了然于心，教师的专业能力也会得到发展，劳动教育理论课立德树人效果也更明显。

3. 问题导入式教学法

问题导入式教学法是指以当前社会热点和学生切实关心的问题作为切入点，结合高校劳动教育理论课教学内容，以提升劳动教育理论课教学效果为结果导向的一种教学模式。习近平总书记在学校劳动教育理论课教师座谈会上讲道,青少年是祖国的未来、民族的希望。青少年教育最重要的是教给他们思想,引导他们走正路。而问题导入式的教学模式,对于落实高校劳动教育理论课立德树人根本任务作用很关键。

从主导思想上来讲,在问题导入式教学模式中,仍然需要以教师为主导、以学生为主体。在内容设计上,以"树德、增智、强体、育美"为教学目标,以教材的理论为依据,结合当今国内外发生的时事或者既往事实或者青年大学生热切关心的热点话题设计某个导入式的问题。在问题导入式模式的教学过程中,师生会以互动的方式交流观点、碰撞思想,在教师的掌控和主导下,学生的责任担当精神也被激发出来,不知不觉就达到了教学目标。

问题导入式教学模式的特点在于教师主导与学生主体相结合,教材理论与社会实际相结合,灌输与启发相结合。这种教学模式充分调动了学生学习劳动教育理论课的主动性,将劳动教育理论课小课堂与社会大课堂结合起来,使劳动教育理论课更贴近现实,更贴近大学生的生活实际,也更有说服力。如此鲜活的劳动教育理论课,会让学生对劳动教育理论课更有情感,从而达到用习近平新时代中国特色社会主义思想铸魂育人的育人目标。

在全国高校思想政治工作会议上,习近平总书记强调要将劳动教育理论课纳入培养社会主义建设者和接班人的总体要求之中,要坚持在改进中加强、在创新中提高,及时更新教学内容,丰富教学手段,不断改善课堂教学状况。新时代高校劳动教育理论课在国家、社会、学校、教师、学生等多方面努力和配合下，教学效果有了显著提升。新时代劳动教育理论课教学与以往相比，比较突出的变化在于由以往教师唱"独角戏"变为现在的"教师主导学生主体"，由过去的"灌溉式教育"变为现在的"启发式教育"，由过往的"照本宣科"变为现在的"理论联系实际"……在全社会力量的支持下，高校劳动教育理论课教学成效取得了长足的进步。

三、新时代高校劳动教育理论课建设面临的挑战

新时代高校劳动教育理论课教学效果取得显著成效不可否认，与此同时也应该看到当前高校劳动教育理论课教学存在短板，比如部分学生对劳动教育理论课的认同感有待提高，教师队伍建设还需继续提高整体素质，教学方式方法有待持续改进，社会大环境对劳动教育理论课存在冲击，等等。虽然当前我国高校劳动教育理论课教师的师德师风建设、能力素质、对劳动教育理论课的认可度都有很大提高，但在有些方面还有提高的空间。

一是专业理论修养上有待进一步提高。教师的专业知识就像建筑物，只有底部的基础知识扎实，建筑物才能不断被砌高。高校劳动教育理论课教师也是如此，需要多读经典著作，尤其是习近平新时代中国特色社会主义思想的经典原著，才能提高理论水平、理论素养。

二是教学方式方法还可进一步优化。虽然现在有不少高校劳

动教育理论课教师通过案例式、互动式、专题式、探究式等教学方法，提升了教学效果，但还有部分教师并未对教学方法采取革新举措，因为上述几种教学方法需要高校劳动教育理论课教师花更多心力去设计、准备，所以对教师的能力和时间上的要求就更高。不是所有老师都愿意、都有能力去创新教学模式。在网络教学和实践教学方面，也面临同样的问题。网络式教学对高校劳动教育理论课教师的现代教育技术应用能力提出了更高要求。实践教学涉及建立实践基地、与实践基地对接以及学生在实践教学过程中的安全问题等各方面。如果仅仅凭高校劳动教育理论课教师的一己之力，要推动实践教学的落细、落实、落地则是一个不小的挑战。可能还有部分高校劳动教育理论课教师认为，组织实践教学会影响理论教学的进度。外出总有风险，花费的时间也比理论教学更多，所以积极性不高。这些都是未来要着力解决的问题。

三是在新时代，党情、国情、世情、教情发生了许多深刻的变化。总的来说，社会大环境对当代大学生的思想意识形态领域的影响是正面的、积极的，但是社会中的消极思潮还是会影响到大学生的思想稳定，如精致的利己主义、个人主义、拜金主义、历史虚无主义，读书无用论，等等。大学生在这个年龄段，世界观、人生观和价值观都还未固化，极易受到影响，会对劳动教育理论课教师宣传的科学理论知识产生怀疑，对劳动教育理论课产生怀疑，从而严重影响劳动教育理论课教学效果。更有甚者还会向周边的同学散布一些不实言论，诋毁劳动教育理论课。对于这样的现象，高校劳动教育理论课教师一定要尽早发现苗头，及时教育教化，努力将学生引到正确的道路上来。

党的十九大报告指出，当前我国社会的主要矛盾是人民日益增长的美好生活需要和不平衡不充分的发展之间的矛盾。当前高校劳动教育理论课也还存在发展不平衡不充分的现象。总的来说，经济发达城市在劳动教育理论课方面的资源在物质方面更丰富，文科院校比理工科院校的劳动教育理论课建设更富有成效，重点高校比非重点高校劳动教育理论课教学效果更好。但是纵向来讲，新时代高校劳动教育理论课的教学质量都有了显著提升，但在部分领域还是存在短板。未来全体高校劳动教育理论课教学工作者要做的就是不忘初心、牢记使命，加强对学生的政治引领，厚植爱国情怀，强化价值引导。

第三节

新时代高校劳动教育理论课教学模式路径创新的实践探索

从本质上讲，新时代高校劳动教育理论教学模式路径创新与马克思主义哲学所强调的实践与认识同向同行。马克思主义哲学认为在实践和认识的关系之间，实践是认识的基础。毛泽东同志对辩证唯物主义的知行统一观作了进一步论述："实践、认识、再实践、再认识，这种形式，循环往复以至无穷。"[1]而且每一次循

---

[1] 毛泽东选集：第1卷[M]. 北京：人民出版社，1991：296.

环的内容都实现了更高层次的跨越。这深刻表明，认识即"知"和实践即"行"是辩证统一的，两者相辅相成、缺一不可。在高校劳动教育理论课教育教学中同样应坚持理论性与实践性相统一，促进知行合一是对辩证唯物主义认识论的坚持和运用。劳动教育理论课的学习过程就是在教学互动中引导学生实现认知建构、情感激发以及价值确立的过程，实现从真知、笃信到力行的飞跃。各高校为了更好地促进劳动教育理论课知行合一，加强新时代劳动教育理论课建设，在强化理论教学、增强价值认同，创新实践教学方式、推动力行，完善保障体系、助推知行合一等方面进行了积极探索。

一、强化劳动教育理论课理论教学，坚持以知促行

在实践与认识的关系中，"认识"是"实践"的前提和基础，不可只有"实践"而没有或者忽视"认识"。理论性是劳动教育理论课的基本属性，对理论性的坚守是这一课程性质与教学目标的内在要求。深入推进高校劳动教育理论课教学模式路径创新，首先要强化理论教学，用科学理论来培养人和武装人，让学生掌握理论知识并确立价值信仰，做到"知之真切"。也只有将劳动教育理论课所讲授的马克思主义立场、观点、方法等理论知识弄清楚、弄懂了，做到既知其然也知其所以然，做到真学、真懂，主动用马克思主义理论武装头脑，以科学彻底的理论内容厚植实践行动的底色，才能用思想指导实践，增强行动本领，使行动更加自觉

且持久，真正做到以知促行。清华大学、中国人民大学、同济大学、上海外国语大学等高校通过多主体协同授课、实施翻转课堂改革、创建多课联动课程体系等举措不断提升劳动教育理论课理论教学效果，增强价值引领和价值认同，夯实了劳动教育理论课知行合一理论根基。

（一）多主体协同授课，增强理论的说服力

高校劳动教育理论课教师是办好高校劳动教育理论课的关键，要求发挥劳动教育理论课教师的积极性、主动性与创造性。但是，切实增强劳动教育理论课理论的说服力，提升教育教学效果，全面落实立德树人根本任务并不是劳动教育理论课教师单方面能够完成的，还需要劳动教育理论课教师之外的育人主体都充分参与进来。各高校应结合本校育人工作实际情况，着眼多方位育人主体的联动结合，让劳动教育理论课授课方式由劳动教育理论课教师的"独奏"变为以劳动教育理论课教师为主，校内外社科领域专家学者、校领导以及英雄人物、道德模范等多主体协同的"合奏"。

1. 抗疫英雄进校园现场讲授劳动教育理论课

2020年，教育部颁行的《大中小劳动教育指导纲要（试行）》强调："注重劳动价值体认，引导学生从现实生活中发现需求。"[①]

---

① 教育部关于印发《大中小学劳动教育指导纲要（试行）》的通知（教材〔2020〕4号）[J].中华人民共和国教育部公报，2020（7）：2-11.

在同新冠肺炎疫情较量的过程中，在中国共产党的坚强领导下，亿万中国人民已经书写和正在书写的时代篇章是劳动教育理论课鲜活的素材。而冲锋在前、舍生忘死的抗疫英雄对这一鲜活的劳动教育理论课素材有更加刻骨铭心的理解和体会。邀请抗疫英雄走进劳动教育理论课堂，为青年大学生讲述抗疫故事，是弘扬伟大抗疫精神、用党的创新理论铸魂育人、增强劳动教育理论课说服力的重要举措。例如，由全国妇联宣传部、教育部思想政治工作司与北京师范大学、中华女子学院、北京航空航天大学等高校联合举办的"奋斗的我 最美的国"新时代先进人物进校园示范活动，邀请了抗击新冠肺炎疫情全国"三八红旗手"和先进集体代表进校园，讲述亲历的抗疫故事，为青年大学生上了一堂感人、生动、鲜活的爱国主义劳动教育理论课。在重庆市，获得全国和全市表彰的抗击新冠肺炎疫情先进个人、先进集体、优秀共产党员以及先进基层党组织代表，为重庆大学、重庆医科大学等10所高校的上千名大学生上了一堂生动的劳动教育理论课。还有高校通过制作系列抗疫英雄劳动教育理论课、云端连线抗疫英雄的方式直接将抗疫英雄请进劳动教育理论课堂，让青年大学生近距离了解抗疫英雄的家国情怀与责任担当，激发他们的爱国情、强国志。例如，承德医学院就在学校党委精心部署下制作了"传承红医精神，讲述抗疫故事——承德医学院抗疫英雄系列劳动教育理论课"；武汉科技大学教师在劳动教育理论课直播课上连线抗疫英雄，将战"疫"前线搬进劳动教育理论课堂，做到"隔空"育人。

2. 校内外相关领域专家共同打造劳动教育理论课

汇聚校内外相关领域专家学者、校领导共同参与的劳动教育理论课教学方式，形成铸魂育人的社会合力，有利于实现马克思主义理论同相关专业领域、校内同校外以及教师同管理层的有效结合，拓展具有思想性和理论性教学资源的供给并充分实现资源优势的互补和整合。各地区、各高校在具体实践中主要围绕以下方面展开。一是推进师资创新，组建兼职劳动教育理论课教师队伍。在浙江大学，省农业、能源等部门和多个市县的领导干部走进劳动教育理论课堂，讲解政策，分享改革发展的经验。近年来，浙江省宁波市积极探索劳动教育理论课建设新格局，开创了"知行新说"的高校劳动教育理论课教育教学体系，在这一体系下形成了由宁波各级党政领导干部、各领域专家学者、社会知名人士等组成的劳动教育理论课兼职导师队伍，建立起更大范围和声势的全员育人格局。二是弘扬红色劳动教育文化，开展革命劳动故事展演。红岩精神与红船精神、井冈山精神、延安精神等一样，都是中国共产党精神谱系的重要组成部分。中共重庆市委宣传部、中共重庆市委党史研究室、重庆市教育委员会、重庆红岩联线文化发展管理中心、重庆红岩精神研究会等联合打造了红岩精神特色劳动教育理论课："传承红色基因 争做时代新人——红岩革命故事展演"。全体演职人员都是红岩革命历史博物馆的职工，深受红岩精神的洗礼，通过讲、诵、唱、展、演等大众喜闻乐见的艺术形式，用文物讲历史，用历史讲故事，用故事弘扬精神，讲述家国情怀的效果，用革命志士高尚的信仰和人格感染教育青年学生，进一步发挥了红色劳动文化的在大学生理想信念教育、革命传统教育以及爱国主义教育中的积极作用，让红色劳动基因代代相传。展演先后走进武汉大学、四川大学、重庆大学、西南大学、四川外国语大学等高校，为学生们带去一场有情怀、有温度的红岩精神特色劳动教育理论课。自2020年9月21日红岩革命故事首演以来，现已达到336场，现场观众超37万人次，网络点击量超527万人次。三是校领导、专业课教师多维携手，打造劳动教育理论课堂。在上海，高校党政"一把手"与教师集体备课，亲自走上讲台，为学生讲劳动大势、传劳动大道，已成为一种新常态。中国人民大学于2019年就形成了"领导带头、专家领衔、辅导员辅助"的课程教学团队，学校领导、专家学者以及院系辅导员都走进课堂讲授劳动教育理论课。还有高校劳动教育理论课教师联合专业课教师共同打造劳动教育理论课，做到育人与育才的结合，切实培养德智体美劳全面发展的社会主义建设者和接班人。例如，西南政法大学、南京体育学院等高校邀请体育教师走进劳动教育理论课堂，劳动理论课专业教师和体育教师"双师"同上一堂劳动教育理论课，实现了德育与体育的齐头并进，发挥了"1+1＞2"的效果。

3. 朋辈群体进课堂发挥劳动模范、榜样引领作用

朋辈群体是高校劳动教育理论课育人主体的有益补充。朋辈主讲人与听众在年龄、经历等方面趋近甚至相同，更具有亲近感，更能讲出真故事、激发情感和价值共鸣，这是其他群体无法替代

的。近年来，朋辈教育因具有教育主体的亲和性、教育方式的渗透性等特点①，成为增强高校思政工作实效性的一种创新探索。各大高校已将朋辈教育广泛应用于高校劳动教育理论课教学模式路径创新之中，融入高校劳动教育理论课课堂，充分发挥朋辈榜样在推动劳动教育理论课教学的创新理论进课堂、进头脑等方面的积极作用。一是组建朋辈宣讲团。清华大学注重发挥朋辈浸润宣讲在高校劳动教育理论课教学模式路径创新中的作用，建立了"学以致讲—以讲促学—讲学相长"的朋辈教育长效机制。北京航空航天大学自2017年起，依托"研究生青年马克思主义研修班"在推动朋辈教育应用到马克思主义劳动教育理论方面进行了创新性的探索，效果显著。杭州师范大学定期召开劳模进校园系列讲座。中国劳动关系学院结合专业让各种专业背景的学生讲述自己的劳动事迹，让"劳模精神"激荡在校园里、课堂上。天津邀请100余名市级劳模走进天津大学现代远程教育的课堂接受学历教育。二是让朋辈榜样"现身说法"。上海体育学院通过拓展供给主体，充分发挥"冠军"的榜样作用，形成了"冠军劳动教育理论课"，邀请了许海峰、杨阳、姚明、阎森、邹市明等运动员和教练员走进劳动教育理论课堂，讲述体育故事与体育精神。北京理工大学通过举办"我的祖国我奋斗"时代新人报告会，邀请参加国庆70周年阅兵预备役部队方队的4名学生，为学校青年大学生讲述训练的心路历程。对外经济贸易大学遴选参训国庆70周年庆祝

---

① 陈萌，赵梓辰. 朋辈教育视角下高校马克思主义理论教育的创新研究[J]. 高教探索，2019（9）：124.

活动服务保障工作的师生代表，为学校师生上了一堂有温度、有情怀、有力度的"新时代劳动教育理论课"。为了让劳动教育理论课理论教学更贴近学生生活，北京青年政治学院在高校劳动教育理论课教学模式路径创新中选聘优秀在校退役大学生结合自身入伍参军经历，讲述理想信念、爱国和强军的道理故事，用青春故事传递真理力量。

（二）实施课堂翻转改革，增强理论的感染力

开展高校劳动教育理论课教学模式路径创新离不开必要的灌输，但这并非填鸭式的"硬灌输"，而要结合教育对象特征和时代特点，适时调整优化与革新。青年大学生是最活跃的群体，增强劳动教育理论课理论教学质量和水平，需要不断革新课堂教学方式，向改革创新要活力，突出对学生的引导和启发。近年来，各高校在深化劳动教育理论课改革创新方面进行了诸多探索和尝试，其中"课堂翻转"是备受关注的改革方式之一。劳动教育理论课课堂翻转改革是在坚持内容为王的基础上，引导学生自己去探究真知，让"要我学"变成"我要学"，实现教师"主讲"与学生"自学"的有机结合，让理论知识入脑入心，学生对劳动教育理论课的获得感也在学习中不断增强。在课堂翻转改革中，教师不只是知识的传授者和学生知识掌握程度的检验者，更是学生求知、求真路上的引导者。各高校将课堂翻转改革应用于劳动教育理论课教育教学中，也形成以下具有代表性的课堂翻转改革探索成果。

1. 创建问题式专题教学体系，注重对学生的启发

教材是劳动教育理论课教学的重要载体，教学活动的开展必须以教材为基本遵循和依据。但是，念教材、背教材或者对教材的简单加工并不能达到激发学生思维活力、推动劳动教育理论课教学质量提质增效的效果。这就要求劳动教育理论课教师立足于教材，把握教材基本思想和精髓，将教材体系重新整合划分为不同专题，再以真"问题"贯穿整个专题，引导学生发现、分析、思考和解决问题，深入推动教学内容的"解构"与"重构"，实现教材体系向教学体系转化、知识体系向信仰体系转化。

例如，中央财经大学在劳动教育理论课改革创新中形成的问题链教学法，是一种劳动教育理论课教师根据教学目标，将教学内容设置成以问题为纽带、以知识形成发展和培养学生思维能力为主线、以师生合作互动为基本形式的新型教学方法。经过多年的实践证明，问题链教学法提高了学生的参与度，增强了教学针对性，保证了教学连贯性，实现了劳动教育理论课教与学良性互动，让劳动教育理论课活了起来，《人民日报》、教育部官方网站等权威主流媒体进行了广泛的宣传报道。东北师范大学实施的"四维并进集成创新"劳动教育理论课教学方法改革，在教材之维模块通过精心研究教材、锁定专题形成的问题式专题教学体系，围绕问题导向、精选重组内容、突出重点等，确保教学内容的规范性和针对性。在教师之维模块创设教师与学生互动的师生辩课制等。这一教学改革获得了国家级教学成果奖，受到了教育部领导的高度评价和肯定。北京师范大学秉承因材施教、强化师生交流

等理念,探索建立的"以问题为导向的劳动教育理论课分众教学模式",效果突出,入选了全国高校劳动教育理论课教学方法改革项目"择优推广计划"项目成果展。该教学模式坚持以问题为导向,根据同性质同问题把学生划分为多个小群体,再针对不同群体适配不同的教学内容与手段,最终形成面向所有学生、面向小群体、面向优秀学生的三级教学体系。

2. 突出学生自主探究能力,促进"教""学"统一

"95后""00后"是新时代大学生的主体,他们个性更加鲜明张扬,思维更加活跃前卫。在传统的"我来讲你来听"的劳动教育理论课教学方法中,教师是"孤独的朗读者",学生是被选择、被接受、被认同教学内容的"接收者",这已无法适应新时代大学生的个性和学习特点。破解这个问题的关键在于劳动教育理论课要充分调动和发挥大学生在学习过程中的自主性和能动性,教师由"主演"变为"导演"、学生由"观众"变为"主演",着力提升学生的教学参与度、专注度,实现教师"教"与学生"学"的合作、融合,引导学生在自主探究中自然而然得出结论。为此,突出大学生学习自主性的教学改革成果被广泛应用于劳动教育理论课教育教学之中。

一是翻转劳动教育理论课堂,激发学生学习自主性。例如,清华大学以翻转课堂为抓手,打造"硬核"劳动教育理论课。在高校劳动教育理论课教学模式路径创新中构建起完善的"大班讲授—小班辅导—大班研讨"的课程体系,并建立起与之相适应的"教师—助教—学生"的教学体系。劳动教育理论课教师在教学中

讲授"骨架"并巧妙"留白",让学生填充"血肉",实现"教师讲"同"学生学"的结合;同时,为提升翻转课堂质量和效果,依托成熟的助教体系,全学期深度跟踪学生学习过程,引导学生完成学术阅读。安徽医科大学在高校劳动教育理论课教学模式路径创新中也建立了"教师指导—课前学生慕课学习及阅读文献—学生展示成果—小组展开问答与讨论—教师点评"翻转教学模式。二是对分劳动教育理论课堂,助推"教"与"学"深度融合。对分课堂是一种新的教学模式,其基本内涵是将一半课堂时间分配给教师讲授,一半课堂时间留给学生进行交互式学习,且讲授与交互式学习在时间上相分隔,让学生独立学习思考、内化吸收学习内容。具体来看,对分课堂的基本流程是"讲授—内化和吸收—讨论",师生权责对分,实质是教与学过程中核心要素的系统性整合与结合化集成,在劳动教育理论课堂上应用对分效果明显。调查数据表明,在对分的劳动教育理论课堂上,有98.3%的学生能够集中注意力认真听讲。

3. 聚焦以"事"叙理,促进学生内化升华

劳动教育理论课是知识教育课,更是思想引领、价值认同、触及灵魂的教育课。讲好高校劳动教育理论课的根本是讲好教学内容,关键在于用"故事"讲"道理",以"道理"赢得"认同"。也就是说,高校劳动教育理论课不能只讲故事,也不能不讲故事,而要把故事讲好,把精妙深奥的科学理论转化为浅显易懂的道理,才能打动人、说服人,才能真正带来学生思想的共鸣、情感的认同,学生才会发自内心地接受。具体来看,高校劳动教育理论课

要讲好中华民族、中国共产党、中华人民共和国、中国特色社会主义以及改革开放的故事，特别要讲好新时代的故事，引导青年大学生将懂劳动、会劳动升华到懂中国、爱中国，进一步坚定"四个自信"。西北大学的劳动教育理论课叙事式教学法就是一种典型的好做法。劳动教育理论课叙事式教学法旨在讲好经典、历史和身边的故事，让学生在故事中感悟、引发思考，进而主动在教师指导下追溯、探究故事的指向和蕴含的理论。这种教学法不是教师将理论"硬塞"给学生，而是师生一起"找到"的。这样不仅能激发学生探求学习知识的热情，而且能让学生从内心深处真正认同和接受劳动教育理论课。这种通过"讲好故事、说清道理"的劳动教育理论课改革探索已在全校劳动教育理论课教学中推广，获得了同行专家的认可，并在省级以上主流媒体宣传报道。在浙江，宁波兼职劳动教育理论课导师也通过讲述中国故事、宁波故事和身边故事，让高校思政教育更加紧贴时代，更接地气。

（三）创建多课联动课程体系，增强理论的影响力

加强劳动教育理论课理论教学模式路径创新，需要完善的课程体系作为载体和支撑。2020年中共中央、国务院颁行的《关于全面加强新时代大中小学劳动教育的意见》强调："除劳动教育必修课程外，其他课程结合学科、专业特点，有机融入劳动教育内容。"[1]2020年教育部颁行的《大中小劳动教育指导纲要（试行）》

---

[1] 关于全面加强新时代大中小学劳动教育的意见[N]. 人民日报，2020-03-27（01）.

强调:"使总体实施方案和学年(或学期)活动计划相互配套、衔接,形成可持续开展的劳动教育实施方案。"①积极建设"劳动教育理论课程+思政课程+课程思政"大格局,制订专项工作方案,全面推进劳动教育理论课理论教学模式路径创新建设,丰富和拓展劳动实践场所,加强师资队伍建设,健全经费投入机制,建设以高校劳动教育理论课为核心、思政课程和综合素养课为支撑、专业课为辐射的多课程联动体系,能够破解劳动教育理论课"独舞"的困境,更好地实现各类课程与劳动教育理论课相互配合、相得益彰的效果,让所有课程都上出"劳动味",承担起育人职责。各高校结合本校实际和特色,在构建完善劳动教育理论课课程体系的同时,也着力打造劳动教育理论课程群,推动思政课程、课程思政与劳动教育理论课堂同向同行,形成协同效应。

1. 开设"劳动教育理论课+"选修课程,完善劳动教育理论课课程体系

2020年教育部颁行的《大中小劳动教育指导纲要(试行)》强调:"在大中小学设立劳动教育必修课。把劳动教育纳入教育督导体系,完善督导办法。"②这为高校在新时代加强劳动教育理论课课程体系建设,推动劳动教育理论课改革创新提供了基本遵循

---

① 教育部关于印发《大中小学劳动教育指导纲要(试行)》的通知(教材〔2020〕4号)[J]. 中华人民共和国教育部公报,2020(7):2-11.
② 教育部关于印发《大中小学劳动教育指导纲要(试行)》的通知(教材〔2020〕4号)[J]. 中华人民共和国教育部公报,2020(7):2-11.

和指引方向。高校在建好建强大学阶段必修课——劳动教育理论课课程外,还结合地域特色、校本特色开设了多门劳动选修课程,作为劳动必修课的重要补充,逐渐形成立体、多元的劳动教育理论课课程体系。完善的劳动教育理论课课程体系有助于教育引导学生立足劳动教育理论课,用马克思主义立场、观点、方法去理解其他课程的知识要点,做到理论知识的融会贯通。一是依托学校驻地特色资源优势,开设"劳动教育理论课+"课程。例如,南京航空航天大学充分挖掘学校驻地具有的传统航天资源,通过多课程协同,建立了"劳动教育理论课+"课程体系,开发由院士、总工参与的劳动教育理论课教学模式,让他们的现身说法讲述直-5、直-6直升机、歼-8型原型机等机型的原生故事;河海大学也创新了劳动教育理论课教学模式,设立节水园劳动实践基地,采用"小组责任制"形式组织学生在田间劳动,培养学生良好的劳动习惯。二是依托校本、学科特色优势,开设"劳动教育理论课+"课程。例如,中国民航飞行学院就结合行业特色文化,在线下和线上慕课开设并完善了"当代民航精神与文化"课程,作为一种劳动教育理论课创新实践;南京医科大学开设公共选修课"后勤生活课题";中国矿业大学开设特色劳动专业,涵盖木工技艺、非遗手工艺与劳动创新、劳动与绿化、劳动与厨艺;浙江大学设置博士生社会实践必修环节,将劳动教育课贯穿其培养过程;西北农林科技大学开设劳动教育理论必修课,打造农林高校劳动教育品牌,构建人才培养新范式;内蒙古师范大学开设劳动教育必修课"劳动创造未来",正式面向2020级学生线上开课,成为内蒙古自治区首个开设此类课程的高校。可见,在不断推进劳动教育理论课系列课程建设的过程中,很多高校都注重将理论、价值及思政教学目标融入本校特色和学科优质课程之中,做到"一校一特色"。可见,既"接地气"又"高大上"的特色品牌的劳动教育理论课在全国高校普遍落地开花,成为大学生追捧的热门课程。

2. 打造"各类课程+"课程群,培育和创新劳动教育理论课教学模式

2020年教育部颁行的《大中小劳动教育指导纲要(试行)》强调:"普通高等学校要将劳动教育纳入专业人才培养方案,明确主要依托的课程""专业类课程主要与服务学习、实习实训、科学实验、社会实践、毕业设计等相结合开展各类劳动实践,注重分析相关劳动形态发展趋势,强化劳动品质培养""形成分学段、分专题的劳动教育理论课程资源包"。①进一步明确了高校不同类型课程开展劳动教育理论课建设的原则和基本要点。打造以专业课程、综合素养课程为依托,以专业知识为根基,有机融入劳动教育理论课元素的"各类课程+劳动教育理论课"课程群,不仅让学生在学习中增长了专业理论知识,在潜移默化中受到了劳动思想的启迪和价值的引领,还有助于用好理论教学这个主要渠道,打牢实践教学的理论根基,是全面推进高校"各类课程+劳动教育理论课"建设、发挥各门课程育人作用、提高人才培养质量的

---

① 教育部关于印发《大中小学劳动教育指导纲要(试行)》的通知(教材〔2020〕4号)[J]. 中华人民共和国教育部公报, 2020(7): 2-11.

内在要求和实施路径。

近年来,西北农林科技大学在全国高校中率先实现了劳动教育理论课教学模式创新,全面、系统地开设了劳动教育必修课,共设2个学分,在校期间未能完成劳动必修课的学生将无法毕业,这也是学校全面加强劳动教育理论课的新突破,形成了大学一年级"基础理论+特色活动"、二年级"农耕专业+劳动实践"、三年级"专业实训+劳动教育"、四年级"就业创业+劳动教育"、研究生"科研创新+劳动教育"分层分类格局,实现了本研贯通的劳动教育理论课教学模式创新体系建设。上海也较早地推动了劳动教育理论课教学模式创新体系建设,以劳动教育理论课为核心、综合素养课为支撑、专业课为辐射,构建劳动教育理论课教学模式创新体系建设格局,开展了各具特色的实践探索,形成了劳动教育理论课教学模式创新体系建设的"上海特色"。例如,上海财经大学根据学校特点和专业特点等深化劳动教育理论课教学模式创新体系建设,建构了立体式劳动教育理论课教学模式,即聚焦立德树人、坚持"五育"并举,构建劳动教育理论课教学模式新体系、协同育人新格局、劳动素养评价新机制为目标,制订实施家、校、社一体化的"劳动教育培养方案"。同时,对照劳动教育理论课教育教学目标,充分释放专业课程的育人功能,学校设立了"劳动教育理论课教学模式创新体系建设专项",致力打造"多维劳动教育理论课教学模式创新体系建设群",在线上慕课还专门设置了劳动教育理论课教学模式创新体系建设拓展版块与课堂,实现了劳动教育理论课程在所有院系、所有专业的全覆盖。同济大学自2018年开始，创新设计了生态文明劳动教育理论课课程链，让"绿水青山"的理念真正入脑入心，成为劳动教育理论课教学模式创新体系建设的一个经验典型。这套课程链由风景园林专业教师为本科生精心设计，巧妙地将"绿水青山就是金山银山"的理念和生态文明建设这一劳动教育理论课教学模式创新体系建设元素融入专业课程之中，涵盖了基础课"景观生态学"、专业课"生态规划设计"以及实践课"景观规划设计实践"。复旦大学在劳动教育理论课教学模式创新体系建设中善用战疫故事这个劳动教育理论课最鲜活的素材，由46名导师共同参与打造的"医学生综合素养""云上"课程。该课程在2020年2月底正式上线，充分将专业特点同劳动教育有机融合。当前，复旦大学劳动教育理论课教学模式创新体系建设已经实现了覆盖所有院系专业课程、覆盖所有哲学社会科学院系、"课程体系—跨学科队伍—学术研究—实践基地—案例库建设"五位一体的劳动教育理论课教学模式创新体系建设覆盖所有医学专业的学生。

二、创新劳动教育理论课实践教学方式，推动以行促知

马克思主义并非书斋里的学问，而是基于实践形成并不断发展的。实践教学是高校劳动教育理论课教学的重要组成部分，提升高校劳动教育理论课育人质量不仅要立足课堂，引导学生读"有字之书"，也要走出课堂，到社会生活中来讲，引导学生读"无字之书"，既要注重教学，又要注重实践教育，促进知行合一。因此，需要加强劳动教育理论课教学模式创新应用于实践，将劳动教育

理论小课堂与社会大课堂联结起来。2020年教育部颁行的《大中小劳动教育指导纲要（试行）》强调："理论学习重在让学生理解和掌握'劳动创造了人本身''劳动创造世界'等历史唯物主义基本理论主张以及劳动相关法律、法规、政策，作为行动的指南，在实践锻炼中将所学知识转化为真正有用的实际本领，形成良好的劳动习惯，弘扬劳动精神。"[①]习近平总书记的重要讲话精神、《关于全面加强新时代大中小学劳动教育的意见》《大中小劳动教育指导纲要（试行）》等为高校开展劳动教育理论课实践教学提供了基本遵循与方向指引。近年来，高校因材施教精准对接、打造"行走"的劳动教育理论课，善用新媒体技术等方式加强理论课堂和实践课堂的整体设计，优化升级实践教学活动体系，引领学生在"力行"检验、内化、深化所"知"，真正做到学思贯通、知行合一。

（一）因材施教精准对接，开展主题实践活动

增强高校劳动教育理论课实践教学实效性，既要求实践活动做到全员覆盖，又要尊重差异、包含多样性，注重实践教学的针对性。每个高校因所处的地域、学科发展水平、人才培养模式等实际情况不同，在开展劳动教育理论课实践教学的过程中需要结合自身实际和特有资源，做到因地制宜、因时制宜、因材施教，不断提升劳动教育理论课实践教学的针对性，更好地实现实践育人。在具体运行过程中，各高校立足劳动教育理论课不同学段特

---

① 教育部关于印发《大中小学劳动教育指导纲要（试行）》的通知（教材〔2020〕4号）[J]. 中华人民共和国教育部公报，2020（7）：2-11.

点、学校学科专业特点、地方特色等推进了一系列因材施教精准对接的劳动教育理论课实践教学改革，不断创新劳动教育理论课实践教学内容和主题，开展了卓有成效的探索。

1. 聚焦不同学段特点，开展精准实践活动

学生在校学习时普遍具有鲜明的阶段性特点。为了提升高校劳动教育理论课实践教学育人水平，需要充分考虑学生学习的阶段性特点，开展契合学生年级特点的实践教学。因此，低年级实践教学内容应该以"适应、引导、感悟、体验"为主题方向，中高年级应该以"成长、思考、建设、服务"为主题方向。

近年来，许多高校坚持以"知行合一"理念为指导，探索不同劳动教育理论课程实践教学模式改革的新思路，做到"一课一品"。例如，厦门大学注重实践教学改革，让学生动起来，目前4门本科劳动教育理论课已逐渐融合并形成了各自的劳动教育理论课实践教学品牌，在学生中广受好评，其中依托"马克思主义基本原理概论"课专设2学时劳动教育模块，阐释劳动思想，理解劳动的意义和价值；"思想道德与法治"课专设2学时劳动教育模块，阐释劳动法律法规，掌握基本的劳动本领；"生涯规划——探索与管理"课专设2学时劳动教育模块，阐释劳动与学生职业发展密切相关的劳动科学知识，培养不懈的奋斗精神；"创新与创业基础"课专设2学时劳动教育模块，阐释劳动与创新创业关系，培养创造性解决问题的意识。苏州大学将劳动教育理论课教学分为"劳动1"——理论部分，通过"劳动通论"等课程学习劳动

基本理论，树立劳动意识，形成科学的劳动观；"劳动2"——实践部分，主要有内务整理、公共卫生劳动实践、社会劳动实践等。重庆大学构建了全新的劳动教育理论课内容体系，加强劳动教育课程教学模式创新建设，培育劳动教育特色活动，提升教师劳动教育意识和能力，营造良好的校园劳动文化环境，构建第一课堂和第二课堂有机衔接的劳动教育理论课教学模式创新建设体系，在生产实习、专业实践、创新创业、社会实践、勤工助学、志愿服务等环节中有机融入。华北理工大学注重在劳动教育课程教学模式创新建设展开德育引领，打造"一专一课"的劳动技能课，做到知行合一，开展日常生活的"净化校园"行动；突出专业特色，重构"一院一基地"的劳动实践环节；强化"志愿公益"，积极开展服务社会化的劳动实践活动。燕山大学探索出了四门思政骨干课融入劳动教育理论课教学模式创新特点的"观察者—穿越者—志愿者—朗读者"的"四位一体"实践教学体系，即在"毛泽东思想和中国特色社会主义理论体系概论"课中将学生作为劳动教育课程教学模式创新建设的"观察者"，让他们洞悉身边点滴变化，再用微视频反映劳动教育课程教学模式创新建设的具体内容；在"中国近现代史纲要"课中将学生作为劳动教育课程教学模式创新建设的"穿越者"，让他们感受中国近现代波澜壮阔的发展脉络和劳动人民不懈斗争的发展进程；在"思想道德与法治"课中将学生作为劳动教育课程教学模式创新建设的"行动者"，参与志愿服务活动；在"马克思主义基本原理概论"课中将学生作为劳动教育课程教学模式创新建设的"朗读者"，向同学推荐自己读过的一本涉及劳动的著作并分享阅读心得。济宁医学院围绕劳动教育课程教学模式创新建设的理念，在四门思政骨干课中设计了各具特色的劳动教育课程教学模式创新建设的主题实践活动，分别是"思想道德与法治"课中的"儒家文化经典诵读和演说"活动、"中国近现代史纲要"课中的"劳动之旅"调查活动、"马克思主义基本原理概论"课中的医学生"劳动杯"辩论赛、"毛泽东思想和中国特色社会主义理论体系概论"课中的"家乡改革发展史、医疗卫生发展史"社会劳动调查，形成了特色鲜明的劳动教育课程教学模式创新建设体系。

2. 融入学科专业特点，实施特色实践活动

高校劳动教育理论课实践教学虽然有"自己的内容、自己的形式"，但是这并不意味着就是自我孤立、"自扫门前雪"。立足学校学科特色、专业特色，并将这些特色有机融入劳动教育理论课实践教学中，开展贴近学生的特色实践活动，有助于切实增强实践教学的吸引力、亲和力和感染力，让学生更加深刻地感悟到马克思主义世界观和方法论对其他具体学科的指导意义。理论并非知识的教条式集结，而是我们行动的指南。以天津外国语大学为例，该校立足于外语院校的特点与学科优势，在劳动教育理论课实践教学中采取了"外语+劳动教育"模式，开展了如"外国人眼中的中国劳动者""语言对象国对中国特色社会主义劳动理论的认知""多语种讲解五大道的历史故事"等特色实践教学活动，极大地促进了学生专业知识与理论修养协同并进。山东城市建设职

业学院的劳动教育理论课授课内容也特别注重融合行业、专业、校本特色，在实践教学中除了组织师生开展结合了建筑类专业特点的实践教学活动，还充分利用校内的中国古建筑构件博物馆、鲁班文化广场、工匠技艺传承馆、营造技艺传承基地等特色建筑或场地开展劳动教育理论课实践教学。南华大学在培养有理想、有本领、有担当的时代新人过程中，坚持"以实践锻炼力行"，一方面促进知行合一，选聘学科骨干担任学术科研学生社团的指导教师，指导学生开展创新创业实践；另一方面鼓励学生结合核、医等专业特色开展志愿服务获社会实践活动。据统计，在抗击疫情的关键时期，拥有执业医师执照的1034名临床医学专业研究生积极响应学校返岗抗疫倡议，返岗率达到92%，还涌现了"中国好人"侯建、"全国向上向善好青年"王玉锋等优秀学生典型。

3. 融合地域文化资源，开展主题实践活动

各地区在长期的历史发展和社会实践中形成的特色历史文化资源，是对社会生活实践的凝练和升华，这为优化创新高校劳动教育理论课实践教学内容提供了丰厚的素材。在深入推动实践育人过程中，高校紧密结合、融合地方历史文化资源，开展一系列富含文化特色的主题实践活动，效果显著。例如，黑龙江利用大冰雪、大森林、大湿地、大界江、大油田、大粮仓、大学群等自然与人文资源，深入挖掘蕴含其中的劳动教育元素，以红绿蓝金银"五色教育"为依托，将劳动教育与红色基因传承、绿色生态文明、蓝色高新科技、金色现代农业、银色冰雪文化深度融合。

广州与地域特色文化深入融合,传承灯草文化、盆景文化、特色农耕文化的劳动实践活动,引导学生体会劳动人民的艰辛和智慧,传承中华优秀传统文化。重庆渝中区扎根母城文化,突出非遗文化传承,打造篆刻艺术、风筝制作、陶艺、川江号子等精品课程;结合金佛山药物资源,设立中草药园——百草堂;北碚建立集家、校、社一体的"快乐劳动吧""责任田"。河南省的劳动教育文化资源也十分丰富,区域特色明显。河南师范大学充分发掘劳动教育文化资源所蕴含的思想政治教育价值,将红旗渠精神、南水北调精神、焦裕禄精神等引入劳动教育理论课,构建了"四位一体"的立体化实践教学模式,让高度凝练的马克思主义理论在现实生活中得到验证,进一步引导学在"行"中深度理解、感悟信仰的力量,实现学思践悟的一体贯通。

(二)打造"行走"的劳动教育理论课,开展体验式教学

上好高校劳动教育理论课,需要做到因事而化、因时而进、因势而新。2020年教育部颁行的《大中小劳动教育指导纲要(试行)》强调:"将日常生活的教育贯穿大中小学始终。推动学校充分利用校内学习、生活有关场所,逐步建好配齐劳动技术实践教师、实训基地,丰富劳动教育资源""必须加强学校教育与社会生活,生产实践的直接联系,发挥劳动在个人与社会间的纽带作用,引导学生认识社会,增强社会责任感"。[1]2020年《教育部等八部

---

[1] 教育部关于印发《大中小学劳动教育指导纲要(试行)》的通知(教材〔2020〕4号)[J]. 中华人民共和国教育部公报,2020(7):2-11.

门关于加快构建高校思想政治工作体系的意见》(教思政〔2020〕1号)要求"创办形式多样的'行走课堂'"。

面对思维活跃的大学生,劳动教育理论课不仅要在校内讲、课堂上讲,也要打破教学的场所边界,让劳动教育理论课堂流动起来、"行走"起来,推动学生走向社会大课堂,接受一线鲜活教育,把理论知识同社会实际相结合,进一步深入学习贯彻习近平新时代中国特色社会主义思想这一马克思主义中国化最新理论成果。高校通过"请进来"和"走出去"相结合的方式充分发掘利用社会实践资源,让学生动起来,在创新理论的指导下亲自走进社会去体验、去感受,真正做到学而有信、学而有用、学而有行。

1. 主动"走出去",开设校外"体验式"劳动教育理论课堂

2020年教育部颁行的《大中小劳动教育指导纲要(试行)》强调:"在课外校外活动中安排劳动实践,要联合社会力量,共建共享稳定的劳动实践基地、校外实习实训基地、各类型创新创业孵化平台,多渠道拓展劳动实践场所。"①把高校劳动教育理论课搬到校外、课外进行现场体验式教学,既要注重发挥重要场馆的思想政治教育功能和作用,也要加强与学生专业性实践、各类活动实践相结合,形成互通运行、协同前行的劳动教育理论课实践体系,让学生从真听、真看、真感受中得出结论,进而做到真信、真懂、真用。在实际教学中,高校着重围绕以下两个方面展开了

---

① 教育部关于印发《大中小学劳动教育指导纲要(试行)》的通知(教材〔2020〕4号)[J]. 中华人民共和国教育部公报,2020(7):2-11.

校外"体验式"思政实践课堂的探索和尝试。

一是把劳动教育理论课堂开到博物馆、纪念馆等"红色劳动基因库"。高校劳动教育理论课教育教学要用好这些场馆，开展直观实景现场教学和实地参观，拓展课堂育人形式，增强授课效果，把红色江山世代传下去。例如，天津师范大学坚持将"纸上谈"变为"世间行"，将劳动教育理论课的实践教学开到了平津战役纪念馆、周恩来邓颖超纪念馆等，大力提升了劳动教育理论课的效度。上海高校在推动劳动教育理论课的理论与实践相结合的过程中，鼓励学生亲自体验、亲身感悟，从而激发学思悟践的内生动力，推出了"信仰之路——上海师生国情教育暑期研学实践"，激励学生走进场馆，在"情景课堂"中传承革命精神、坚定文化自信。北京体育大学积极探索新时代高校人才培养模式的新形式，坚持把理论学习同专业实践相结合，把课堂搬到了博物馆、纪念馆，组织学生前往革命传统教育实践基地开展体验式现场教学。

二是加强与专业实践、日常思想政治教育实践相融合，把劳动教育理论课开到广袤的田间地头。为了避免劳动教育理论课实践教学与各类专业实践活动、思想政治教育活动出现同形同质的问题，提升实践育人效果，需要探寻劳动教育理论课实践与专业实践的交叉点，实现教师的合作协同以及二者在教学内容上的渗透、融合。北京大学全力打造的"田间地头的北大劳动教育理论课"，由劳动教育理论课教师、院系专业教师和助教带队指导，实现思政实践与专业知识的"牵手"，带领学生深入革命老区、城镇乡野、改革前沿等了解国情、党情、社情,引领学生让青春在知行中拔节孕穗。中南财经政法大学将劳动教育理论课实践教学与日常思想政治教育实践相结合,组织学生走向社会大课堂,深入开展了"青年学子红色筑梦之旅"、社区挂职锻炼、脱贫调研等活动,在劳动教育实践中青年大学生对党的理论和路线、方针、政策有了更深刻的认识。北京航空航天大学将各类教师合作实践、协同育人作为重点抓好的工作之一,积极探索学生社会实践的"双导师制",每支劳动实践团队至少配备两名导师,劳动教育理论课教师和专业课教师各一名,以确保方向性与科学性。有的高校还将课堂开到企业。例如,北京科技大学把课堂搬到了首钢、邯钢、宝钢等工厂内,让干巴巴的书本知识照进了实际生产中;浙江大学城市学院借助访谈、调研企业及赴大陈岛体验教学等形式,开展了一堂又一堂别开生面的"行走的劳动教育理论课",等 等。

2. 积极"请进来",开设校内"体验式"劳动教育理论课堂

提升劳动教育理论课实践教学效果,关键在于有效整合各类教育资源,增强教育合力。在主动"走出去",在校外开设劳动教育理论课堂的同时,还需要协同博物馆、纪念馆、展览馆等将育人资源送进校园,打破地域性束缚和限制,实现校内资源和校外资源的融通,让学生在校内也能沉浸式地参观体验,并能观有所感、有所学,更有所悟,在实践中感知历史、认识现在、探索未来。在具体实践中,高校在将博物馆、纪念馆等育人资源请入校园、与劳动教育实践相结合的方式上又具有各自的特点。

一是立足地方，深化认识。主要是联合学校驻地周边的劳动教育基地进校园开设"流动课程"，这种充分利用学生身边熟悉的劳动教育资源的做法，更有助于学生加深理解、深化认识。例如，四川外国语大学在推进劳动教育理论课改革创新过程中，注重实践教学的多样化，携手邓小平故里管理局开展了"小平风范·文化校园"展览活动，将场馆的文化资源以生动和富有特色的形式带进校园进行展陈、宣讲，帮助师生了解伟人功绩，学习伟人品格，传承劳动基因，弘扬劳动文化，加强劳动教育，打造大学生第二课堂，充分发挥博物馆对青年的熏陶滋养功能。目前，"小平风范·文化校园"邓小平故居陈列馆基本陈列巡展还走进了西华师范大学、成都工业学院、重庆邮电大学移通学院等多所高校。2021年，八路军驻武汉办事处旧址纪念馆原创红色展览"方寸之间述党史——邮票上的党史百年"高校行，走进了湖北大学等高校，为师生上了一堂生动的党史课。

二是着眼全国，融会贯通。在校内开设体验式劳动教育理论课，既要把学校驻地周边的劳动教育资源搬进校园，也要把全国知名"劳动教育基因库"展览引进校园，这有助于更加立体化、系统化开展劳动学习教育。例如，2019年"红色足迹伟大转折——遵义会议纪念馆主题展"走进了上海大学、上海理工大学、上海电力大学等上海高校；2020年"行进中的遵义会议纪念馆"主题展览走进了华中师范大学等高校。这种"流动课堂"让学生在校也能身临其感悟历史、领会精神，大大增强了劳动教育理论课实践教学的教育效果。

(三)善用新媒体优势,开展多样化虚拟实践教学

新媒体新技术的快速发展和广泛运用深刻改变着当代中国的教育格局,信息化技术与教育的融合是不可逆转的时代潮流。推动新时代高校劳动教育理论课改革创新,促进知行合一,增强铸魂育人效果,需要注重现代信息技术在劳动教育理论课教育教学中的运用。虚拟实践是随着信息化、网络化的发展而产生的,其实质在于主体和客体之间借助数字化中介系统在虚拟空间中进行的双向对象化活动。虚拟实践为高校劳动教育理论课实践教学提供了一种新的方式和实施路径。这主要在于同实践教学所使用的实地调研参观、志愿服务等传统方法的突出现场亲历特征相比,虚拟实践因其交互性、开放性及间接性等特点,能够为实践教学提供更多样的自由空间,提升实践活动的自主性和创造性。提升高校劳动教育理论课实践教学实效,既要坚持发扬传统方法的优势,又要推动实践教学与现代信息技术的高度融合,以构建起突破时空限制的立体化全方位的实践教学体系。2020年颁行的《关于全面加强新时代大中小学劳动教育的意见》和《大中小劳动教育指导纲要(试行)》等进一步明确要求把新媒体新技术引入高校劳动教育理论课教学。习近平总书记的重要讲话精神和系列文件精神不仅突出了新媒体新技术在高校劳动教育理论课教学中的重要作用,还为高校推进劳动教育理论课与现代信息技术的深度融合、开展多元化虚拟实践教学提供了方向指引。当前,各高校主要围绕打造"沉浸式"情景劳动教育理论课、线上虚拟实践课堂等,对新媒体技术应用于虚拟实践教学进行了探索和实践。

1. 利用现代信息技术，打造"沉浸式"情景劳动教育理论课

在新媒体时代，虚拟现实技术（VR）、增强现实技术（AR）等各类现代信息技术飞速发展，为新时代高校劳动教育理论课改革创新提供了全新思路和技术支持。2020年中共中央、国务院颁行的《关于全面加强新时代大中小学劳动教育的意见》强调："重视新知识、新技术、新工艺、新方法应用，创造性地解决实际问题。"① 借助这些现代信息技术，劳动教育理论课实践教学可以对于无法到达的场域和过往的历史事件进行仿真、再现，带给学生直观的、形象的多重感官刺激，通过人机交互学习，激发学生学习动机，增强学习体验，实现情境学习与知识迁移等，进而有效提升教学效果。为增强高校劳动教育理论课的时代感、感染力、吸引力，让课程真正"活"起来，各大高校积极将 VR、AR、MR 等技术应用于劳动教育理论课课堂，致力打造跨越时空的沉浸式体验课堂。以北京理工大学为例，推动现代信息技术同劳动教育理论课深度融合是该校劳动教育理论课建设的特色。该校 2009年就开始探索把信息技术同劳动教育理论课相结合，开发了国内最早的虚拟现实劳动教育理论课，并逐渐形成了具有鲜明特色的智慧教育模式；2016 年又进一步推出了"VR 重走长征路"VR 劳动体验课程 2.0 版本，学生在专用教学空间佩戴 VR 眼镜展开逼真的学习体验。2021年建成全国高校首个虚拟仿真劳动教育理论课教学体验中心，推出首个劳动教育理论课 VR 沉浸式体验教

---

① 关于全面加强新时代大中小学劳动教育的意见[N]. 人民日报，2020-03-27（01）.

学模式（VR思政教学3.0版）。此外，在全国各地还有许多高校也正积极用现代信息技术助力劳动教育理论课改革创新。例如，江西理工大学、南京城市职业学院等高校积极探索创新劳动教育理论课教学方式，把VR技术应用于实践教学，带给学生"身临其境"的教学体验，让劳动教育理论课活了起来。陕西工业职业技术学院在劳动教育理论课改革创新中充分运用AR、VR、MR等技术，VR/AR体验已经成为学校劳动教育理论课"三维融创"教学方式不可或缺的重要组成部分。

2. 推进互联网+劳动教育理论课，打造线上虚拟实践课堂

当今互联网技术的快速发展，为高校劳动教育理论课建设带来了重要机遇。中国互联网络信息中心发布的第47次《中国互联网络发展状况统计报告》数据显示，截至2020年12月，在我国网民群体中，学生占比21%，是最多的。①出生成长于互联网时代"95后""00后"大学生，不仅能熟练使用互联网技术，还习惯于运用常用软件、网站等进行线上自主学习。高校劳动教育理论课实践教学应紧紧抓住这一契机，把互联网技术、数字技术等应用于教学，打造线上虚拟实践课堂，作为传统线下实践课堂的延伸和补充。

一是建好用好各类线上虚拟育人资源，秉承"内容为王"的原则，加强对党的基本理论知识、各类教学资源等内容的整合和优化，推广"学习强国"、人民网等权威媒体上的同劳动教育理论

---

① 陈杰. 数字经济新模式实现蓬勃发展. [J]，中国科技财富，2021（2）：75-77.

课紧密联系的网络育人资源,强化思想引领。例如,中原工学院在劳动教育理论课网络虚拟实践教学中既灵活运用包括"学习强国""青年之声"等在内的劳动教育理论课资源,也注重对现有网络资源的整合,并大力创建自有网络虚拟资源。

二是推进劳动教育理论课实践教学开放性网络平台建设,建立以社交软件为平台的 QQ 群、微信群等学生常用的"交流群"和微信公众号、实践教学网站等交流平台。利用这些平台积极开展师生互动,运用大数据及时分析收集学生的思想困惑点和关注点,密切掌握虚拟空间学生的思想动态和特点,进一步有针对性地进行思想价值引领,提升教育教学实效。例如,重庆工商大学在劳动教育理论课实践教学中采取线上线下相结合的方式,建有劳动教育理论课综合实践教学网,学生在课后实践,将实践成果通过网络平台提交,教师在线上进行批阅。

三、完善劳动教育理论课知行保障体系,助推劳动教育理论课教学模式路径创新

习近平总书记历来重视"创新",2019 年他在雅典同希腊总理米佐塔基斯会谈时指出:"要守正创新,既要在古人留给我们的丰厚文化遗产中交流互鉴,承前启后,又要从当今世界发展潮流中革故鼎新,开创未来。"①创新是劳动教育理论课的内在要求和

---

① 任彦,郑彬. 习近平同希腊总理米佐塔基斯会谈[N]. 人民日报,2019-11-12(01).

应有之义。2020年教育部颁行的《大中小劳动教育指导纲要（试行）》强调："积极探索具有中国特色的劳动教育模式，创新机制体制，注重教育实效，实现知行合一。"①同时也明确指出，深化新时代学校劳动教育理论课改革创新的基本原则之一就是"全面提升学生思想政治理论素养，实现知、情、意、行的统一"。在劳动教育理论课中，理论性和实践性同等重要，不可偏废任何一方。高校劳动教育理论课只有做到理论性和实践性的有机统一，才能够让学生做到"内化理论"与"外化行动"同构，真正坚持以知促行、以行促知，实现知行合一，塑造培养出兼具马克思主义理论素养和创新实践能力的时代新人。要顺利实现这一育人目标，构建完善的高校劳动教育理论课知行合一保障体系是必要的前提和基础。近年来，高校为构建劳动教育理论课教学模式路径创新的保障体系，主要从建立劳动教育理论课实践基地、革新劳动教育理论课运行机制、筑牢教学模式路径创新支撑平台等方面展开了探索和实践。

（一）整合校内外资源，建立劳动教育理论课教学模式路径创新实践基地

实践基地作为高校劳动教育理论课教学模式路径创新的实践教学的重要平台，是学生实现从"知之深""信之笃"到"行之实"转化的途径和场所，在落实立德树人根本任务方面具有无可替代

---

① 教育部关于印发《大中小学劳动教育指导纲要（试行）》的通知（教材〔2020〕4号）[J]. 中华人民共和国教育部公报，2020（7）：2-11.

的作用。高校劳动教育理论课建设是一项系统工程,需要多方参与、密切合作,坚持把劳动教育理论课小课堂与社会大课堂相结合,用好校内校外资源,建设一定数量和质量的劳动教育理论课实践基地,为实践教学提供坚实的平台保障和支撑。当前,越来越多的高校在加强校内实践教学基地建设的同时,也积极与博物馆、纪念馆、劳动馆、园林场、企事业单位等社会力量合作共建劳动教育理论课实践基地,以充分发挥实践基地的育人功能,促进学生做到知行合一。

1. 整合运用多种资源,建立劳动教育理论课校内实践基地

劳动教育理论课校内实践基地身处校园内,学生足不出校就能开展实践,便于及时将"热腾腾"的理论知识与丰富鲜活的实践体验结合起来。这不仅节约了外出实践的时间成本,还显著增强了实践教学的时效性,保证了教学质量。为此,各高校通过整合校内人力、物力、场地等资源、结合办学特色等积极创建劳动教育理论课校内实践基地,为劳动教育理论课实践教学提供了支撑平台。例如,西南大学是一所流淌着劳动基因的百年老校,其将劳动教育与思想政治教育相结合,在思想政治理论课中设置马克思主义劳动观的教学内容,建立了集合课程实践、专业实验、田野调查、实习实训、毕业设计等于一体的劳动教育研究院,并将其作为校内劳动教育实践基地,融入"隆平学长""蚕桑院士""油菜教师"等鲜活劳动育人案例。该基地作为校内红色基地,将劳动教育理论课课堂学习的理论知识与社会现实联系起来,既能为学生答疑解惑,又是学生了解国情、社情、民情的渠道。珠海

城市职业技术学院在新时代劳动教育理论课"知行合一"教学模式探索实践中以"树人馆"这个劳动教育理论课校内实践教学基地为依托，借助多种方式，坚持以"学生为中心"，形成了"劳动育人"模式，进一步增强了理论的解释力和说服力。

随着现代信息技术的快速发展，虚拟实践教学由可能变成了现实。虚拟实践教学的开展同样也需要虚拟仿真教学环境作为支撑。2020年中共中央、国务院颁行的《关于全面加强新时代大中小学劳动教育的意见》强调："加快建设校内劳动教育场所和校外劳动教育实践基地。"[①]2020年教育部颁行的《大中小劳动教育指导纲要（试行）》强调："鼓励、支持各地利用大数据、云平台、物联网等现代信息技术手段""将劳动教育与学生的个人生活、校园生活和社会生活有机结合起来，丰富劳动体验，提高劳动能力，深化对劳动价值的理解"。[②]这一系列重要文件为构建劳动教育理论课虚拟实践教学平台提供了基本遵循和重要指引。为深入贯彻落实文件精神，推进高校劳动教育理论课教学方法改革，各高校加强与校外信息技术公司的合作，共同开发创建了一批虚拟仿真劳动教育理论课体验中心或实践基地。例如，北京理工大学建成全国高校首个虚拟仿真劳动教育理论课教学体验中心，兰州工业学院建成甘肃省高校首家"劳动教育VR体验中心"，南京城市职

---

① 关于全面加强新时代大中小学劳动教育的意见[N]. 人民日报, 2020-03-27（01）.
② 教育部关于印发《大中小学劳动教育指导纲要（试行）》的通知（教材〔2020〕4号）[J]. 中华人民共和国教育部公报, 2020（7）: 2-11.

业学院建成江苏省高校首家 VR 劳动教育实训室，汉口学院建成虚拟仿真劳动教育理论课体验教学中心，恩施职业技术学院建成劳动教育 VR 实训基地，以及江西冶金职业技术学院的思政 VR 体验式教学中心、陕西师范大学陕甘宁边区学校劳动教育虚拟仿真实验教学中心、中国农业大学机械与农业工程虚拟仿真实验教学中心等。当前，还有一大批高校虚拟仿真劳动教育理论课体验教学中心正在招标、筹建中。

2. 协同开发校外资源，建立劳动教育理论课校外实践基地

开门办好高校劳动教育理论课，推动劳动教育理论课实践教学走出教室和校园、走向社会大课堂，用好社会各类思想政治教育资源，需要稳定的社会实践基地作为依托和支撑。2020 年教育部颁行的《大中小劳动教育指导纲要（试行）》强调："联合社会力量，共建共享稳定的劳动实践基地、校外实习实训基地、各类型创新创业孵化平台，多渠道拓展劳动实践场所。"[①]各高校深入贯彻落实文件精神，深化与校外博物馆、纪念馆、劳动地、园林场等场馆、企事业单位、农村和社区基层等的合作，充分整合社会师资力量，发挥协同育人优势，携手共建了一系列特色突出、主题多元、覆盖面广的校外实践基地，深入推动劳动教育理论课理论教学和实践教学的深度结合、协调发展。

一是与就近纪念馆、陈列馆对接，加强校馆合作。例如，重

---

① 教育部关于印发《大中小学劳动教育指导纲要（试行）》的通知（教材〔2020〕4 号）[J]. 中华人民共和国教育部公报，2020（7）：2-11.

庆大学、西南政法大学、四川外国语大学等与重庆红岩联线文化发展管理中心（重庆红岩革命历史博物馆）共建思想政治教育实践基地；西南医科大学分别在叙永县石厢子彝族乡红军长征纪念园、纳溪区护国战争博物馆等地建立了劳动教育理论课实践教学基地；南京艺术学院与南京市博物总馆积极开展劳动教育理论课程实践合作，并在博物总馆下设的八家文化单位建立了劳动教育理论课实践基地，等等。

二是与就近企业对接，加强校企在劳动教育理论课实践教学方面的合作，强化校企协同育人。例如，桂林理工大学与广西交通投资集团紧密合作，劳动教育理论课社会实践基地落户在该企业劳动高速灌阳服务区，旨在用好劳动教育资源，落实立德树人根本任务；西安文理学院与西安秦岭朱雀太平国家森林公园共建有"秦岭生态"劳动教育理论课实践教学基地，深入贯彻落实习近平总书记生态文明思想；四川信息职业技术学院分别与广元娃哈哈饮料有限公司、四川瑞昊微电子科技有限公司、四川晟合鸿科技有限公司三家企业携手共建了劳动教育理论课实践教学基地，通过组织企业考察，将劳动教育理论课理论知识融入实习实训，提升学生实践能力。

三是深化校地合作，推动劳动教育理论课建设与地方经济社会民生的融合发展。例如，北京大学在江苏淮安、云南勐海、四川宜宾、浙江丽水等全国多地区建立了北京大学劳动教育实践课教育基地，这些基地既为学生开展社会实践提供了平台，也是北京大学为地方经济社会发展提供智力支持的渠道。中国科学院大学在怀柔科学城建立了首个校外劳动教育理论课实践教学基地，是习近平新时代中国特色社会主义思想由生动实践转化为鲜活课堂的重要途径，是怀柔科学城育人功能的最佳体现，能助力学校思想政治工作水平和质量的提升；长江大学文理学院与湖北省荆州市荆州区八岭山镇共建了劳动教育理论课社会实践基地，为助力乡村振兴贡献力量。此外，还有高校在开展校校合作、校部合作等共建劳动教育理论课实践基地方面进行了探索。例如，北京大学与信阳农学院合作共建有劳动教育理论课教学实践基地，校际联手共同推进劳动教育理论课改革创新；宁波大学与部队共建"知行新说"劳动教育理论课实践教学基地，旨在感悟新时代军人爱国奉献为民的情怀，给予青年大学人生启迪。

（二）坚持知行互构理念，革新劳动教育理论课教学模式路径创新运行机制

顺畅协调的体制机制是劳动教育理论课教学模式路径创新的重要保障。新时代高校劳动教育理论课教学模式路径创新要顺利实施和有序运行，必须适时调整更新体制机制。近年来，高校充分结合自身劳动教育理论课建设情况，在加强教学考评机制建设、改革完善教学管理机制等方面进行了一系列探索。

1.加强劳动教育理论课教学模式路径创新的考评机制建设

课程的考核评价在高校劳动教育理论课教育教学模式路径创新中具有重要的导向和指挥作用，既能检验教学目标的完成度，还能客观评价学生对劳动教育理论课的获得感。2020年教育部颁

行的《大中小劳动教育指导纲要（试行）》强调："将过程性评价和结果性评价结合起来，健全和完善劳动素养评价标准、程序和方法。"①深入推进高校劳动教育理论课教学模式路径创新向纵深发展，推动高校劳动教育理论课在改进中加强，构建科学合理、完善有效的教学考核评价机制尤为重要。因此，加强高校劳动教育理论课教学模式路径创新的考核评价机制建设，需要不断强化以教学模式路径创新为核心的价值导向，将学生理论知识掌握程度同实践能力水平的考核置于同等重要的位置，重点围绕"以知促行、以行促知、知行合一"三个方面对学生劳动教育理论课学习效果展开立体化的考察，以实现知识传递、能力培养、价值引领的有机融合。

当前，高校在推动劳动教育理论课理论性和实践性相统一的过程中，出台了一系列兼顾学生理论知识、实践能力、价值认同等维度的考评方式或实施细则，为促进学生做到教学模式路径创新提供了有力的制度保障和支持。例如，哈尔滨学院在劳动教育理论课考核方式改革中探索形成了"以学生为中心""构建实践教学考核和'互联网+'网络考核两个平台""做到过程性同终结性考核相结合、定量同定性评价相结合、考核同反馈调节相结合"的"1+2+3"多元立体化考试方式，这不仅提升了高校劳动教育理论课考评的科学性，也增强了劳动教育理论课教学效果。重庆

---

① 教育部关于印发《大中小学劳动教育指导纲要（试行）》的通知（教材〔2020〕4号）[J]. 中华人民共和国教育部公报，2020（7）：2-11.

三峡学院在推进劳动教育理论课改革的实践中建立了"四化""四有"劳动教育理论课改革模式,其中课程考核多维化是这个改革的重要组成部分。在多维立体课程考核机制下,对学生的考核内容涉及"知识积累度""能力提升度""价值认同度""理论践行度"共四个维度,考核方式将网络平时检测、期末客观题机考与开卷主观题的精确评分、课堂发言和参与第二课堂鼓励评分等多维度的评分相结合,并建立起了由教师评价、学生自评以及小组民主互评等组成的多维主体评价体系,有效实现了劳动教育理论课程考核对"教"和"学"的导向、评价与反馈。

2. 改革完善劳动教育理论课教学模式路径创新的管理机制

科学完善、运行有效的管理机制为高校深入推进劳动教育理论课建设提供了制度保障,对于工作的有序开展具有重要的促进作用。劳动教育理论课坚持理论性和实践性相统一,强化在理论知识与思政实践的融合互动中达到知行合一,需要不断创新完善管理机制,让其更好地为劳动教育理论课改革"保驾护航"。为了深入贯彻落实习近平总书记重要讲话精神,积极开创新时代高校劳动教育理论课改革创新新局面,提升劳动教育理论课教学质量,各高校高度重视劳动教育理论课建设工作,并结合本校实际制定出台了一系列的机制、制度和文件。例如,中国计量大学专门制定有校领导带头抓劳动教育理论课工作机制,学校党委书记和校长是劳动教育理论课建设的第一责任人,成立校级劳动教育理论课教学督导组,出台了《中国计量大学关于全面加强劳动教育的实施方案》等一系列文件。苏州工业职业技术学院在推进劳动教育理论课建设过程中，出台了《苏州工业职业技术学院新时代劳动教育实施方案》，不仅明确了劳动教育理论课改革创新设计的具体任务，还把任务细化分解到责任部门。除了从宏观层面制定劳动教育理论课建设的管理机制外，还有高校着眼通过劳动教育理论课实践教学课程化改革微观层面将宏观管理机制落到实处。例如，中国劳动关系学院 2019 年组织和实施了《中国劳动关系学院关于新时代劳动教育的实施方案》，建立和开设了"劳动教育通论"课程、"大国工匠面对面"特色思政课、"劳动伦理教育"等实践课程，并确定必修课 2 个学分。安徽大学也于 2019 年推出《安徽大学加强和改进劳动教育的实施方案》，构建第一课堂和第二课堂相结合的劳动教育体系，设置专门学科，确定专门学分，依托各个院系展开劳动教育课程，采取"单独设立、独立运行、独立考核"的模式。此外，重庆三峡学院、中原工学院等高校在推进劳动教育理论课改革中也采取了大致相似的模式，设置了相应的有单独学分和课时的思想政治理论实践类必修课程。

（三）多部门通力合作，筑牢劳动教育理论课教学模式路径创新支撑平台

新时代高校劳动教育理论课教学模式路径创新的深入开展是一项复杂且系统的工作，需要整合多个部门力量，加强合作、协同发力，为高校劳动教育理论课教学模式路径创新建设提供有力的平台支撑。近年来，各高校携手校内外多个部门积极创新探索，

在营造浓郁的劳动教育理论课教学模式路径创新的校园文化氛围、打造学习交流平台等方面下了功夫。

1. 营造浓厚的劳动教育理论课教学模式路径创新的校园文化氛围

恩格斯说过:"人创造环境,环境也创造人。"[①]人的思想品质、道德素养等的形成发展,离不开文化环境潜移默化的滋养和熏陶。校园文化环境对身处其中的学生具有价值引领、理想激励、道德涵养以及审美力培养等多方面的作用[②],在高校思想政治教育中扮演着重要的角色。2020年教育部颁行的《大中小劳动教育指导纲要(试行)》强调:"将劳动习惯、劳动品质的养成教育融入校园文化建设中。"[③]全面加强和改进高校劳动教育理论课建设,使劳动教育理论课提质增效,需要充分发挥校园文化的作用,坚持以文化人、以文育人。为了促进学生把劳动教育理论课堂上习得的"真理"落实于行动,做到知行合一,各高校紧密结合自身办学特色,在打造知行合一校园文化环境方面做了诸多探索。例如,医学院校以校内的中草药植物园、教学楼及中药文化长廊存放的各类中药标本,"青囊遗风""悬壶济世"等中医劳动文化

---

① 马克思恩格斯选集:第1卷[M].北京:人民出版社,2012:172-173.
② 叶柏森,张平.大学校园环境文化视域下思政教育研究:功效·现状·路径——基于对江苏六所高校的实证调查[J].江苏高教,2020(5):96.
③ 教育部关于印发《大中小学劳动教育指导纲要(试行)》的通知(教材〔2020〕4号)[J].中华人民共和国教育部公报,2020(7):2-11.

走廊讲述的故事，校内食堂餐厅蕴含的医德典故等为载体，潜移默化地传承中医药文化，形成劳动教育理论课教学模式路径创新的校园文化氛围。常州机电职业技术学院在长期的办学实践中积极推进校园文化建设，坚持以文育人，在吸收融合地方城市文化、企业文化以及工匠文化等文化元素后，逐渐形成了具有高职特征、工业特点和本校特色的"知行"文化；还通过"五彩"校园文化活动、职业素质竞赛体系等载体，引导学生践行"知行"文化，通过积极举办"大国工匠进校园""江苏工匠进校园"等活动，强化对学生的知行观教育。

2. 推动劳动教育理论课教学模式路径创新的学习交流平台建设

在新时代，推动高校劳动教育理论课知行合一模式的有效实施，全面提升劳动教育理论课教学效果，既要推动劳动教育理论课理论教学、实践教学的改革，也需要搭建可供"师生""师师""生生"之间线上线下交流互动的立体化"第三空间"，为理论教学和实践教学的深化提供支撑平台。

一是加强劳动教育理论课线上学习交流平台建设，助力学生学习交流和教育教学资源的共建共享。在新媒体新技术飞速发展的今天，上好劳动教育理论课就要做到应势而动，用好线上网络学习交流平台，改革创新思政育人模式。一方面加强慕课建设，在网站平台上线推广。例如，清华大学自2014年来，相继开设了慕课，在"学堂在线"陆续上线，在服务校内劳动教育理论课教学的同时，还吸引了校内学习者超过80万人次；武汉大学建设的慕课,在"爱课程"平台上线,供校内外学习者使用;江西财经大学开设了"大美劳动"慕课、南昌大学开设了"大学生劳动教育概论"慕课,等等。另一方面,建设劳动教育理论课专用网络交流互动平台。例如,北京工业大学研发了一款专门用于劳动教育理论课的教学互动软件平台——中成智慧课堂。该软件平台以移动互联技术与大数据分析技术为依托,为师生之间和生生之间通过密集、深度互动实现价值观教育提供了重要技术支撑。宁波市也注重用互联网方式推动高校劳动教育理论课改革创新,围绕"知行新说"积极创新实践,建设宁波高校劳动教育理论课网络教学平台,打造网上自主学习、信息传递以及在线交流讨论等集成式思政教育辅助系统;同时,以此为依托建立了高校劳动教育理论课教学资源库,为师生提供课堂教学和课外自学的平台。

二是推动劳动教育与学生社团的有机融合,着力发挥社团育人功能,打造以"教学模式路径创新为目标或宗旨"的劳动教育类社团。此类社团能够充分调动学生学习的积极性主动性和参与度,是劳动教育理论课理论和实践教学平台的进一步延伸,也是学生自主学习马克思主义理论开展思想政治教育的重要阵地。例如,中国政法大学成立的全校性学生社团组织"知行社"是改革劳动教育理论课传统教学方式的举措之一。此外,天津职业大学成立了大学劳动联盟社团、南京财经大学成立了劳动与社会保障协会、池州学院成立了大学生劳动教育协会、山东劳动职业技术学院成立了针织协会、中国高等教育学会成立了劳动教育专业委员会,等等。同时,创建劳动教育理论课教师线下学习交流平台,共话课程改革创新，共享育人经验。例如，华南农业大学推出了劳动与社会保障协会公众号，青岛大学推出了劳动模范协会公众号，华南农业大学推出了劳动与社会保障协会公众号，长沙理工大学推出了服装协会微博和公众号，通过举办各类课程改革研讨会等方式，为校内外的大中小学劳动教育工作者搭建了一个沟通交流平台。华中师范大学发起组织的"同课异构·协同共研"劳动教育理论课教学创新联盟，为大中小学劳动教育理论课教师沟通交流、成才发展提供平台。

第四节

新时代高校劳动教育理论课教学模式路径创新的经验与困境

党的十八大以来，以习近平同志为核心的党中央高度重视学校劳动教育理论课建设，主持召开座谈会，出台了一系列重要文件。近年来，各高校深入贯彻落实习近平总书记关于劳动教育理论课建设的重要论述以及一系列重要文件精神，以劳动教育理论课知行合一模式为抓手，积极推动新时代劳动教育理论课改革创新，取得了较为显著的效果。当前，高校劳动教育理论课育人质量和水平持续提升，大学生对劳动教育理论课的获得感、幸福感不断增强。根据相关研究显示，"高校在劳动教育中，注重劳动实践教育……有 71.7%的大学生认为十分有必要参加类似劳动实践"①。这表明，在"95后""00后"大学生思想体系的建立和理想信念的形成过程中，劳动教育理论课发挥了重要作用，能较好地满足他们的思想理论期待。基于此，我们需要及时总结凝练新时代高校劳动教育理论课教学模式路径创新在实践中取得成就的基本经验，剖析依然面临的困境和挑战，为有针对性地提出优化对策提供重要参考，努力把劳动教育理论课办得越来越好。

一、新时代高校劳动教育理论课教学模式路径创新的基本经验

各高校在劳动教育理论课教学模式路径创新过程中始终坚持理论性和实践性相统一，围绕劳动教育理论课教学模式路径创新展开了积极的探索，在提升劳动教育理论课教育教学实效的同时，也积累了一些可供借鉴的宝贵经验。因此，及时总结、全面凝练新时代高校劳动教育理论课教学模式路径创新业已取得的成功经验，可供高校持续加强劳动教育理论课建设和改革创新借鉴，为教育主管部门科学有效地制定劳动教育理论课建设制度、办法提供参考，对于全面落实立德树人根本任务具有重要的价值。

（一）注重劳动教育理论课教学模式路径创新的顶层设计

深入开展高校劳动教育理论课教学模式路径创新，推动劳动

---

① 张拥军，李剑，徐润成.新时代大学生劳动教育现状及认知影响因素研究——基于湖北省部分高校大学生的实证分析[J].思想教育研究，2020（6）：151-155.

教育理论课改革创新是一项长期而系统的工作，单凭个人或一个部门之力无法完成，这就需要高校先有科学合理的顶层设计，从制度、管理、人员配备等各方面给予有力保障和支持。因此，需要"在劳动教育中，学校要发挥主导作用，承担实施劳动教育的主体责任，强化劳动观念、劳动技能和劳动品质的系统培育"①。劳动教育理论课教学模式路径创新在实践中能够取得实效，关键在于高校十分注重顶层设计，坚持党委统一领导，党政齐抓共管，明确各部门职责，全校协调配合，从整体上系统布局、统筹规划。

一是学校党委书记、校长亲自抓劳动教育理论课工作，发挥先锋模范带头作用。以北京大学、复旦大学、中国计量大学等为代表的高校，在推进劳动教育理论课实践教学、课程思政等劳动教育理论课改革创新工作中，学校党委专题研究劳动教育理论课建设工作，学校党委书记、校长作为第一责任人，牵头成立领导小组，学院、教务处（部）、学工部、校团委等校内部门协调落实，劳动教育理论课建设形成了全校合力协同的工作格局。在思政实践课程中，学生的主体性得到了充分发挥，点赞率高，获得感强，实现了知行合一、以知促行、以行求知。同时，学校书记、校长还带头走进课堂讲授劳动教育理论课，积极传播马克思主义科学理论，培育和弘扬社会主义核心价值观，如中山大学、华南理工大学、华南农业大学等许多高校书记、校长为学生讲授"劳动第一课"。

---

① 陈宝生.全面贯彻党的教育方针大力加强新时代劳动教育[N].人民日报，2020-03-30（12）.

二是制定出台推动劳动教育理论课改革的具体管理制度和文件，给予有力的制度保障。我们党历来高度重视劳动教育理论课建设，改革开放以来，党中央先后出台了多个有关文件。北京大学、清华大学、临沂大学、重庆工商大学、济宁医学院等高校以此为基本遵循和依据，结合自身办学实际，制定了一系列学校劳动教育理论课改革创新的实施方案（意见）和管理制度，为推进劳动教育理论课教学模式路径创新"保驾护航"。此外，还将劳动教育理论课教学模式路径创新全面纳入学校育人理念，努力培养堪当民族复兴大任的时代新人。例如，中南大学秉承的"知行合一、经世致用"育人传统，南京航空航天大学遵循的"通专结合、科教融合、知行合一、因材施教"理念，华中农业大学传承的"手脑并用，知行合一"的耕读精神，等等。

（二）构建劳动教育理论课教学模式路径创新协同育人体系

2020年教育部颁行的《大中小劳动教育指导纲要（试行）》强调："将劳动教育纳入人才培养全过程，丰富、拓展劳动教育实施途径。"①这深刻表明，推进高校劳动教育理论课教学模式路径创新的有序实施，推动劳动教育理论课改革创新，并非只是劳动教育理论课教师、劳动教育理论课程等的"单打独斗"，而是其他教职员工、各类课程以及校内外各类育人资源等的全方位合

---

① 教育部关于印发《大中小学劳动教育指导纲要（试行）》的通知（教材〔2020〕4号）[J].中华人民共和国教育部公报，2020（7）：2-11.

作协同。近年来，高校在实践中高度重视劳动教育理论课知行合一协同育人体系的构建，不断开创了劳动教育理论课改革创新的新局面。

一是从师资队伍的角度来看，努力打造了一支专职为主、专兼结合、结构合理的高校劳动教育理论课教师队伍。邀请校内外社科领域专家、领导干部、抗疫英雄等先进人物和劳动模范榜样以及优秀辅导员、班主任等思政工作者组建兼职劳动教育理论课教师队伍，走上劳动教育理论课讲台，讲述中国劳动故事、地方劳动故事、身边劳动故事，与专职劳动教育理论课教师一道让劳动教育理论课堂更有高度、深度、温度，更贴近时代、更接地气，坚持用习近平新时代中国特色社会主义思想铸魂育人。

二是从课程体系的角度来看，创建了高校劳动教育理论课课程链，打好课程"组合拳"。高校劳动教育理论课教师主动打破课程之间的"门户之见"和"条条框框"，在劳动教育理论课理论教学、实践教学和思政课程、网络教学、课程思政建设等方面深度开展与各类专业课程教师的合作，既充分发掘专业课程所蕴含的劳动教育资源，加强劳动教育理论课必修课和选修课程建设，又积极将思想政治教育元素贯彻于专业课程之中，形成思政课程、课程思政与劳动教育理论课程相互支撑、同向同行的课程链，让所有课程都发挥育人功能、所有教师都担负育人职责。例如，北京大学劳动教育理论课程的导师团，由劳动教育理论课专业教师引导学生学理论、读经典，各专业课教师引导学生结合理论和实践展开思考，实现劳动教育理论课教师与各专业课教师的通力合作、劳动教育理论、思政理论与专业知识的结合融通。上海高校构建起了以劳动教育理论课为核心、综合素养课为支撑、专业课为辐射构建全员全过程全方位劳动教育理论课教学模式路径创新格局,等等。这些都是有力的例证。

三是从育人资源的角度来看,坚持劳动教育理论课小课堂与社会大课堂的有机结合,充分发掘利用校内校外育人资源,构筑育人"同心圆"。高校开门办劳动教育理论课,必然要面向社会,充分利用社会丰富的劳动教育理论课教育资源。各高校不仅深度挖掘校内资源,建设校内劳动教育理论课实践基地,还积极与博物馆、纪念馆、党史馆、劳动馆、园林场、企事业单位、农村基层等深入开展校馆、校企、校地等多方面合作,大力开发利用其丰富的育人资源,并建立了系列富有特色、类型多样、覆盖城市农村的劳动教育理论课社会实践基地,着力培养德智体美劳全面发展的社会主义建设者和接班人。

(三)推进新媒体新技术与劳动教育理论课的深度融合

新媒体新技术的不断发展为新时代高校劳动教育理论课改革创新提供了新的载体和重要技术支撑。将新媒体新技术引入高校劳动教育理论课,推动劳动教育理论课传统方法的优势与现代信息技术深度融合,是大势所趋,有助于赋予劳动教育理论课更强的时代感、吸引力,让劳动教育理论课真正活起来。推动新媒体新技术与劳动教育理论课高度融合,用现代信息技术智慧赋能劳动教育理论课理论教学和实践教学,让理论学习与实践锤炼齐头并进"不掉线",是高校劳动教育理论课教学模式路径创新在实践探索中形成的一条宝贵经验。

一是充分运用互联网技术,打造线上劳动教育理论课,积极开展网络教学,实现价值引领方式从"面对面"到"键对键"的转变。例如,清华大学、复旦大学、武汉大学、浙江大学、中南大学、内蒙古师范大学、西北农林科技大学等诸多高校实施"互联网+"劳动教育理论课改革,大力打造网上思政慕课,创新教育教学方式,劳动教育理论课的吸引力、感染力不断提升,实现从"指尖"到直抵"心间"的飞跃。

二是充分运用劳动教育理论课网络平台资源,持续优化教学内容。各高校积极主动运用全国高校劳动教育理论课教师网络集体备课平台、"爱课程""学堂在线"等网络平台的教学资源,充分发掘运用"学习强国""人民网""新华网"等权威主流媒体与劳动教育理论课程相关的教学资源,助力劳动教育理论课"配方"更精良和科学。

三是积极将虚拟现实技术、增强现实技术等现代信息技术应用于高校劳动教育理论课教学,打造劳动教育理论课智慧课堂。各高校相继引进VR、AR等设施设备和技术,建立相应的虚拟仿真劳动教育理论课体验教学中心,实现对教学环境的智慧赋能。此类虚拟教学体验场景,不仅使劳动教育理论课"工艺"更精湛,而且给予学生跨越时空的智慧互动和沉浸式体验,推动劳动教育理论课理论教学和实践学习的融合创新,让学生在"身临其境"的实践体验中做到"知之更深""信之更笃""行之更实"。

（四）突出学生在劳动教育理论课中的主体作用

学生既是施教的对象，也是学习的主体，只有发挥好学生的主体性，才能取得好的学习成绩，提高自身的思想道德修养和劳动素养。在劳动教育理论课的教育教学过程中，2020年教育部颁行的《大中小劳动教育指导纲要（试行）》强调："发挥学生主体作用，激发创新创造。关注学生劳动过程中的体验和感悟，引导学生感受劳动艰辛和收获的快乐，增强获得感、成就感、荣誉感。"[①]各高校坚持主导性与主体性相统一，坚持以学生为中心，结合青年大学生的发展需求和时代特征，通过翻转课堂、深度参与实践等方式教学，有效地激发了学生学习的主体性，让劳动教育理论课真正走进学生内心、赢得学生喜爱。这不仅体现了劳动教育理论课教育教学尊重学生主体性、以人为本的价值取向，也是劳动教育理论课教学模式路径创新取得成效的经验之一。

一是翻转劳动教育理论课堂，让"要我学"变成"我要学"。不论是中央财经大学、北京师范大学等高校在劳动教育理论课改革中实施的以问题为主线的教学模式，还是清华大学、安徽医科大学等高校以激发学生自主性的课堂教学模式改革，以及深度推进教和学融合的对分劳动教育理论课堂模式，等等，教师都是作为学生求知求真的引导者，学生在教师引导下阅读经典、发现问题、分析问题，并通过自主探究深化对知识的理解，领悟真理的

---

① 教育部关于印发《大中小学劳动教育指导纲要（试行）》的通知（教材〔2020〕4号）[J].中华人民共和国教育部公报，2020（7）：2-11.

魅力，进而增进思想认同。

二是开展多元化实践教学，让学生在实际体验中感悟马克思主义的真理力量，践行使命担当，厚植家国情怀。各高校在强化劳动教育理论课理论教学，增强学生理论知识积淀的同时，积极组织学生走出校门，走向纪念场馆、工厂园区、田间地头、扶贫一线等社会大课堂，深入接触社会，了解国情、党情、社情、民情，在理论知识与思政实践互动融合中，学生自然而然地理解了中国共产党为什么"能"、马克思主义为什么"行"、中国特色社会主义为什么"好"，做到学以致用、以用促学。

三是注重将朋辈教育引入劳动教育理论课教育教学，培育青年大学生自主学习教育能力。高校借助组建劳动教育理论课类大学生宣讲团和"知行"社团、让朋辈榜样进劳动教育理论课堂等举措，构建起学生自我学习教育的沟通交流平台，这不仅增强了劳动教育理论课的亲和力、感染力，而且激发了学生学习的积极性和参与度，有助于实现从真听、真看、真感到真信、真懂、真用的转化，促进知、情、意、行的统一。

二、新时代高校劳动教育理论课教学模式面临的挑战

近年来，高校通过强化劳动教育理论课理论教学、创新劳动教育理论课实践教学、探索劳动教育理论课网络教学、完善劳动教育理论课知行保障体系等举措，深入推进劳动教育理论课教学模式路径创新的实施，实现了知识传递、能力培养、价值引领的

有机统一，劳动教育理论课教育教学质量和水平不断提高。新时代高校劳动教育理论课模式改革创新取得的成就值得肯定，但是依然面临青年大学生不同程度存在的"知行不一"、各类课程与劳动教育理论课程的协同效应还不够强、教学模式路径创新的运行保障体系不够健全完善等方面的挑战。深入分析高校劳动教育理论课教学存在的这些痛点难点堵点盲点，拿出实招硬招破解难题，有助于为新时代高校劳动教育理论课教学模式路径创新进一步优化和完善找准切入点、着力点，进而持续开创劳动教育理论课改革创新新局面。

（一）青年大学生不同程度存在"知行不一"的问题

劳动教育理论课具有很强的理论性和实践性，致力于培养兼具马克思主义理论素养和实践创新能力的时代新人。这就要求高校劳动教育理论课在理论性与实践性相结合中既要重视学生马克思主义理论知识体系的建构，又要注重引导学生掌握并运用马克思主义的立场观点观察问题、解决问题的实践能力，促进青年大学生做到知行合一。高校劳动教育理论课教学模式路径创新实施以来，青年大学生能够做到知行合一的比率在持续上升。相关研究显示："高校在劳动教育中，注重劳动实践教育……有71.7%的大学生认为十分有必要参加类似劳动实践。"[①]但是，总体来看，

[①] 张拥军,李剑,徐润成.新时代大学生劳动教育现状及认知影响因素研究——基于湖北省部分高校大学生的实证分析[J].思想教育研究,2020（6）:151-155.

青年大学生依然不同程度地存在"知行不一""知行脱节"等问题。例如，在责任感培育中，部分青年大学生在责任感认知方面"知行背离"，在责任感认同方面"知行不一"，在责任感践行方面"知易行难"。同时，青年大学生所表现出的知而不行、知行脱节等问题，一方面会影响学生深入地学习理论知识、把握科学真理，对理论不能真正做到学深悟透、真学真信；另一方面也会影响学生用理论指导实践、解释现实的能力，不能有效地通过实际行动实现对"知""信"的实践转化，也就不能真正将所学理论知识"内化于心、外化于行"，做到学思用的相互结合、知信行的有机统一。这些都无疑会削弱劳动教育理论课教育教学的实际效果。因此，对于部分青年大学生依然没有做到知行合一的问题，应当予以关注和重视。

（二）各类课程与劳动教育理论课程的协同效应有待持续深化

劳动教育理论课是落实立德树人根本任务的关键课程，但不是唯一课程，其他各类课程同样肩负育人职责，其他课程需要守好一段渠、种好责任田。因此，新时代加强高校劳动教育理论课建设，办好高校劳动教育理论课，推动各类课程与劳动教育理论课程相互配合、同向发力是内在要求和必然趋势。当前，高校在大力推进劳动教育理论课教学模式路径创新中聚焦各类课程与劳动教育理论课程同向同行，通过构建课程链、推动思政实践与专业实践相融合等方式，做到立德树人与专业知识教育的融通结合，引导学生立德成人、立志成才，进一步增强"四个自信"，实现育人与育才协同并进、有机统一。但是，在深入推进课程思政与劳动教育理论课程同向同行、发挥协同效应的进程中，依然面临不少问题和挑战。从整体的视角来看，当前存在思政课程、课程思政与劳动教育理论课程同向同行的话语权还不强、劳动教育理论课和各专业课在育人功能方面的分裂等问题，需要及时予以解决。

（三）劳动教育理论课教学模式路径创新的运行保障体系还需完善

高校劳动教育理论课教学模式路径创新的有效运行和可持续发展，需要一定的保障条件。近年来，高校根据党中央以及中宣部、教育部出台的相关文件精神结合本校工作实际相应制定并完善了劳动教育理论课改革创新的管理机制，革新了兼顾理论教学与实践教学的考评机制等，这为劳动教育理论课行合一模式的顺利展开提供了有力的后盾。但是根据实际调研结果来看，目前支撑高校劳动教育理论课教学模式路径创新运行的保障体系还存在一些问题，不够完善。

一是劳动教育理论课理论与实践相结合的程度有待深化。一方面高校劳动教育理论课重视理论性和政治性，弱化实践性的现象还在一定程度上存在。另一方面，劳动教育理论课实践教学大多集中于在课堂、校内开展，走向社会大课堂充分利用校外育人资源的力度不足，校外实践教学基地建设还需加强，使用率有待提高。

二是高校劳动教育理论课教师将现代信息技术应用于教学的广度和深度还需拓展。

三是高校劳动教育理论课建设面临着管理制度不够完善，大班授课、排课时间无法充分保障等问题。针对当前劳动教育理论课教学模式路径创新运行中面临的保障体系不够完善的问题，需要给予关注并及时解决，这样才能切实提升劳动教育理论课实效，真正让学生实现知、情、意、行的有机统一，助力学生德智体美劳全面发展。

04
第四章

新时代高校劳动教育理论课教学模式路径创新实施路径

作为落实立德树人根本任务的关键课程，劳动教育理论课既担负着传播马克思主义科学真理的教育任务，又担负着引领思想指导行为的实践训练任务。习近平总书记强调，高校劳动教育理论课"要坚持理论性和实践性相统一，用科学理论培养人……教育引导学生立鸿鹄志，做奋斗者"①。习近平总书记这一重要论述，既是马克思主义认识论在劳动教育理论课教学模式路径创新中的具体运用，也是对劳动教育理论课基本规律的科学把握。探索新时代高校劳动教育理论课教学模式实施路径，必须以此为根本遵循，着力构建劳动教育理论课教学模式路径创新"一体两翼三化"立体教学格局，将课堂教学、实践教学、网络教学紧密结合，推动主渠道和主阵地深度融合，深入挖掘各类课程（包括思政课程）的劳动教育元素，促进劳动教育理论课程与各类课程（包括思政课程）同向同行。

第一节

构建高校劳动教育理论课教学模式路径创新必须坚持"一体两翼三化"立体教学格局

劳动教育理论课"一体两翼三化"立体教学格局，就是以课堂教学为主体，以实践教学和网络教学为两翼，践行课堂教学专题化、实践教学多样化、网络教学实效化的劳动教育理论课教学

---

① 习近平谈治国理政：第三卷[M]. 北京：外文出版社，2020：331.

格局。立体化教学格局综合效用的发挥，使大学生对劳动教育理论课爱听爱学、听懂学会，有效引导大学生真学、真懂、真信、真用。这是在新时代的历史方位中，探索高校劳动教育理论课教学模式路径创新，构建重点突出、贴近实际的教学体系，着力提升劳动教育理论课的亲和力感染力，增强劳动教育理论课针对性实效性的重要路径。

一、以课堂教学为主体，践行课堂教学专题化

推进劳动教育理论课改革创新，要正确把握课堂教学、实践教学、网络教学的关系，坚持课堂教学的主体地位，把用好课堂教学主渠道，筑牢意识形态主阵地作为改革创新的根本指针。坚持问题导向和目标导向相结合，通过专题重构和问题链接，优化教学内容，着力实现"三个转变"；统筹课前课中课后三个环节教学方法的改革创新，努力打造精彩课堂，增强课堂教学的吸引力、感染力、亲和力。

（一）坚持课堂教学主体地位，筑牢意识形态主阵地

1. 课堂教学的主体地位不可替代

高校劳动教育理论课课堂教学具有思想性、政治性、引导性等鲜明特征，具有其他教学形式无可替代的地位和作用。因此，无论教学形式和手段如何创新，无论时代条件如何变化，劳动教育理论课课堂教学的主体地位都只能加强而不能削弱。以高度的

责任感和最大的定力确保课堂教学主体地位不受到任何形式的冲击，既是课堂教学本身无可替代之作用、地位的必然要求，也是中央及教育部有关文件的明确规定。2020年教育部颁行的《大中小劳动教育指导纲要（试行）》强调："鼓励、支持各地利用大数据、云平台、物联网等现代信息技术手段""将劳动教育与学生的个人生活、校园生活和社会生活有机结合起来，丰富劳动体验，提高劳动能力，深化对劳动价值的理解"①，深刻阐释和分析课堂教学、实践教学、网络教学三者的关系，表明了应充分发挥课堂教学的主渠道作用和实践教学、网络教学的有效补充作用，这就清楚明白地强调了劳动教育理论课课堂教学的主渠道地位和作用，实践教学和网络教学是课堂教学的有效补充。同时，2020年教育部颁行的《大中小劳动教育指导纲要（试行）》还强调："强化实践体验，让学生亲历劳动过程，提升育人实效性。"②由此也可清楚地看出三者地位与作用的不同。

2. 坚持用好劳动教育理论课课堂教学主渠道

正确把握课堂教学、实践教学、网络教学三者之间的关系，坚持课堂教学的主体地位，是劳动教育理论课改革创新的根本指针。改革创新是时代精神，不断推进劳动教育理论课建设体系创

---

① 教育部关于印发《大中小学劳动教育指导纲要（试行）》的通知（教材〔2020〕4号）[J]. 中华人民共和国教育部公报，2020（7）：2-11.
② 教育部关于印发《大中小学劳动教育指导纲要（试行）》的通知（教材〔2020〕4号）[J]. 中华人民共和国教育部公报，2020（7）：2-11.

新,是解决劳动教育理论课建设短板的必由之路。在探索新时代高校劳动教育理论课教学模式路径创新的过程中,不断推进劳动教育理论课建设体系创新,切实增强劳动教育理论课的亲和力、感染力、针对性、实效性,这是新时代的要求。习近平总书记也在多次重要讲话中反复强调劳动教育理论课改革创新的问题,如在全国高校思想政治工作会议上,习近平总书记指出:"要因事而化、因时而进、因势而新。""要运用新媒体新技术使工作活起来,……传统优势同信息技术高度融合,增强时代感和吸引力。"[①]在2019年3月18日举行的学校思想政治理论课教师座谈会上,习近平总书记指出:"要坚持在改进中加强、在创新中提高,及时更新教学内容、丰富教学手段,不断改善课堂教学状况"[②],"要向改革创新要活力"[③]。近年来,各高校积极贯彻落实习近平总书记的指示精神和中央及教育部相关文件精神,大力推进劳动教育理论课改革创新,取得了积极成效,形成了宝贵经验。但在劳动教育理论课教学实践中,个别高校或个别教师未能处理好课堂教学、实践教学、网络教学三者的关系,存在本末倒置、舍本逐末的形式化、表现化现象,甚至以实践教学、网络教学代替课堂教学,或者以实践教学、网络教学学时冲抵课堂教学学时。因此,在推进劳动教育理论课改革创新的过程中,必须准确领会国家、

---

① 习近平谈治国理政:第二卷[M].北京:外文出版社,2017:378.
② 习近平.劳动教育理论课是落实立德树人根本任务的关键课程[J].求是,2020(17):6.
③ 习近平.劳动教育理论课是落实立德树人根本任务的关键课程[J].求是,2020(17):12.

教育部有关文件的要求，正确处理课堂教学、实践教学、网络教学三者的关系，在思想认识上和实际工作中，始终坚持课堂教学的主体地位，把用好课堂教学主渠道、筑牢意识形态主阵地作为劳动教育理论课改革创新的根本指针。

（二）坚持内容为王原则，建构课程教学专题

坚持内容为王，使内容与形式高度契合，以内容创新推动形式创新，以形式创新服务内容创新，"注重让学生在学习和掌握基本劳动知识技能的过程中，领悟劳动的意义价值，形成勤俭、奋斗、创新、奉献的劳动精神"[①]。在提升新时代高校劳动教育理论课课堂教学质量攻坚战中，秉承这一重要经验，普通高等学校"可专门开设劳动教育必修课""每学年设立劳动周，采用专题讲座、主题演讲、劳动技能竞赛、劳动成果展示、劳动项目实践等形式进行"[②]，实施以问题链为主线的专题化教学，优化深化教学内容，实现教材体系向教学体系转变、教学体系向育人体系转变、育人体系向信仰体系有效转变。

1. 建构课程教学专题之"道"

劳动教育理论课专题化教学改革是从教学理念到教学行为，

---

① 教育部关于印发《大中小学劳动教育指导纲要（试行）》的通知（教材〔2020〕4号）[J]. 中华人民共和国教育部公报，2020（7）：2-11.
② 教育部关于印发《大中小学劳动教育指导纲要（试行）》的通知（教材〔2020〕4号）[J]. 中华人民共和国教育部公报，2020（7）：2-11.

从教学内容到教学方式方法,从课前、课中到课后,从课内到课外,从教学到科研全方位的改革。在专题化教学改革已成为高校劳动教育理论课同行普遍共识和典型做法的背景下,仔细比较不同高校或者不同劳动教育理论课教师在专题化教学改革中的做法与效果可以发现,有的高校或者有的劳动教育理论课教师实施专题化教学改革之后并未达到预期效果。原因肯定是多方面的,但其中一个重要原因,就是对劳动教育理论课专题化教学改革之"道"的认识还不够到位,未抓住专题化教学改革的重点和关键,导致改革思路不够明确,着力点不够精准。

1)建构教学专题的目标

劳动教育理论课的内容具有科学性与政治性高度统一、理论性与实践性高度统一、历史性与现实性高度统一等特点,是大学生成长成才所必需的。同时,如今的大学生阅读和识记方面具有新特点,是使用智能手机等电子设备、看着动漫成长起来的一代,他们习惯了碎片化阅读和记忆。而劳动教育理论课的内容理论性较强,一般都需要较长时间的连续阅读才能完整领会。因此,可通过劳动教育理论课专题化教学,实现教材体系向教学体系转变、教学体系向育人体系转变、育人体系向信仰体系转变的目标。

劳动教育理论课专题化教学,就是依托全国统编最新版教材的内容,结合世情、国情、党情、校情、学情等实际情况,在遵循教育规律、遵守相关政策法规的前提下,对教材的内容进行跨章节梳理,将重点、难点、热点、焦点问题进行有机整合,凝练出若干教学疑难焦点问题,对教材内容进行专题化建构,以新形势、新理论、新案例充实优化教学内容,使教学内容既有政治高度和理论深度能够"顶天",又紧密联系学生实际能够"立地"。

以现在各高校开设的"劳动教育概论课"为例。有的高校,如南京财经大学,就把专题教学与问题链教学相结合,将教材内容优化重构为九个专题组成的纽带链。专题一:劳动教育基本概念;专题二:高校劳动教育理论与实践;专题三:劳动文化;专题四:劳动实践;专题五:职业选择与职业道德;专题六:劳动报酬;专题七:劳动关系与劳动权益保障;专题八:劳动评价;专题九:劳动未来。在凝练教学专题时,该教学团队通过深刻认识理论、准确把握教材、全面了解学生,找到了理论、教材、学生之间的契合点,实现了三者的有机结合。专题一明确劳动教育的研究对象和内容,让学生初步认识劳动,领悟劳动的独特价值,树立科学的劳动观,认识劳动的重要意义,重点把握新时代的劳动观、"四最"新时代劳动价值观,这是之后八个专题的背景。第二、三专题回答了什么是劳动教育,劳动教育思想发展历程,我国高校劳动教育的实践;体悟和掌握劳动精神、劳模精神和工匠精神内涵,为第四专题作好理论铺垫。第四至九专题主要回答了使学生理解和掌握职业选择的内涵,大学生职业选择的影响因素,大学生正确择业观的培育方法;科学认知劳动成果,了解薪酬体系和收入分配基本概念,了解社会保险的内涵;学会如何珍惜劳动成果,理解合理收入分配,把握社会保险的必要性;明白和谐劳动关系、我国劳动法律法规的基本内容;明白劳动教育评价意义,劳动教育的各种评价方法;明白人工智能的产生及其对未来劳动、劳动者的影响。九个专题，既紧紧围绕课程教学目标，突出了教材的重点难点，又紧扣学生关注的焦点，回答了学生关切的重大理论和实践问题。

2）专题化教学改革的关键

兴趣是最好的老师。只有充分激发学生对劳动教育理论课的浓厚兴趣，其作为学习主体的积极性、主动性才能调动起来，提升劳动教育理论课教学实效才有了重要前提和基础。因此，专题化教学改革的关键，是提高学生对劳动教育理论课的学习兴趣。如何提高学生对劳动教育理论课的学习兴趣？我们认为，最根本的是要以优质供给满足学生的学习需求。

劳动教育理论课教学活动与经济活动有类似的地方，都存在着供给与需求的关系，都要解决好供需关系。因此，劳动教育理论课教学改革，可借鉴经济改革尤其是供给侧结构性改革的成功经验和典型做法。

供给侧结构性改革取得的成就表明，在解决供需矛盾的过程中，供给侧并非只能单方面去适应需求侧。对于不合时宜的需求，供给侧也可通过结构调整与改革来影响需求侧，使需求结构发生改变，尤其是调动适应供给实际的新需求，从而解决供需不平衡不对口的问题。

供给侧结构性改革的上述成功经验在方法论上给劳动教育理论课改革提供了有益的启示。为了达到劳动教育理论课铸魂育人的目的，并切实提升育人效果，一方面，对于学生成长成才对的合理需求，可通过供给侧结构性改革，提高劳动教育理论课供给质量和水平；另一方面，当学生的需求和"所好"不符合劳动教育理论课教学目的时，如何解决供需不对口的问题？这是许多劳动教育理论课教师在教学中经常遇到但未能很好地解决的一个重要问题。其实，供给侧结构性改革的成功经验给我们提供了非常重要的启示，就是仍然可以从劳动教育理论课的供给侧改革入手，通过专题化教学改革，以更加优质的供给纠正不符合教学目的的需求并将其引导至合理需求上来。事实上，大多数劳动教育理论课教师都知道在教学中存在着供给与需求的矛盾，也想努力解决好供需关系以提高教学效果，但很多老师对这种供需关系的认识还囿于传统的观念，认为供给只能单方面被动地适应需求，不懂得通过供给侧结构性调整与改革也可以改变需求甚至引起新的需求，因而在解决劳动教育理论课的供需矛盾时难以找到突破点，往往只是在教学形式、教学方法上即供给形式、供给方法上下功夫。不是说教学形式教学方法不需要改革创新，教学形式教学方法的改革创新也是提高劳动教育理论课教学效果的重要方面，我们这里强调的是解决供需不对口问题的关键点，必须是从供给内容入手而不是从供给形式入手。劳动教育理论课的教学目的决定了劳动教育理论课的供给不能完全被学生的需求所左右，不能完全投学生所好，对不符合劳动教育理论课教学目的的需求和"所好"不仅不能去迎合，而且必须通过及时提供优质供给纠正学生的不恰当需求并引导其产生合理需求，否则劳动教育理论课作为立德树人关键课程的作用就难以发挥出来，铸魂育人的使命就难以达成。

我们认为，从解决供需矛盾的角度看，劳动教育理论课专题化教学改革实际上是从供给侧入手的改革。这种专题化教学改革秉承了"内容为王"的教育教学理念，借鉴了供给侧结构性改革的经验和启示，其重点是通过优化重组教学专题，其关键是以优质供给提高学生对劳动教育理论课的学习兴趣。一方面，提高供给质量和水平，以更加契合学生合理需求的优质内容更好地满足学生的合理需求，提升学生的获得感和满意度；另一方面，为了更好地坚持并发挥劳动教育理论课的引领作用，要以优化重组的更优质的专题内容供给，使原本对劳动教育理论课兴趣不高的学生产生较为浓厚的兴趣，使不符合劳动教育理论课教学目的的需求及时得到纠正并引导到合理的需求上来，从而解决劳动教育理论课教学中供给与需求不平衡不对口的问题，充分调动学生对劳动教育理论课的学习兴趣和学习的积极性、主动性，不断提高教学质量和育人效果。

2. 建构课程教学专题之"术"

1）内容建构，"顶天立地"

在具体实施劳动教育理论课专题化教学的过程中，必须坚持内容为王的原则，在深入钻研、吃透教材内容的基础上，紧密结合学生实际，科学设计合理安排教学专题，并使各专题的教学内容紧紧围绕课程教学目的，既能够"顶天"又能够"立地"，确保提供优质供给以解决供需不平衡不对口的问题。

如何打造科学合理的优质教学专题？众多专家根据自己的专题化改革实践总结了许多值得借鉴的宝贵经验。我们项目团队近些年开展的劳动教育理论课"一体两翼三化"教学改革实践，有以下几点经验。

第一，专题凝练要坚持问题导向，问题要有探究性和挑战性。从问题出发，坚持问题导向，既是马克思主义的鲜明特点，也是劳动教育理论课专题化教学改革在凝练专题时首先要坚持的重要观点。"问题就是公开的、无畏的、左右一切个人的时代的声音。问题就是时代的口号，是它表现自己精神状态的最实际的呼声。"①对于劳动教育理论课专题化教学而言，问题是教学的起点。好的问题可以"基于大教育视角反思我国教育事业，需要强化职后教育、终身教育和衔接教育，加强覆盖生命全过程的全程教育体系"②。凝练专题时，坚持问题导向可从三方面入手：首先，以问题作为各专题的标题。其次，将各专题标题的问题作为一个整体，能凸显本课程的特点、重点、难点、焦点、亮点。最后，每个专题的教学内容以相互联系、逻辑清晰的若干问题为红线进行链接，即由问题链组成教学内容。凝练专题时，坚持问题导向还要注意问题应有一定的难度和深度，具有探究性和挑战性。若问题缺乏一定的难度和深度，都是众所周知的常识，就难以引起学生的思考，难以激发他们的学习兴趣，也背离了专题化教学的初衷，难以提升专题教学的内涵，也难以实现劳动教育理论课教学质量的改善和教学效果的提升。

---

① 马克思恩格斯全集：第40卷[M]. 北京：人民出版社，1982：289.
② 程斯辉，刘宇佳. 以战"疫"专题教育为契机全面补齐教育短板——基于大教育视角的思考[J]. Educational Science Research，2021，(5)：5-11.

第二，专题内容要坚持价值导向，将知识传授与思想引领相结合。坚持正确的价值导向，强化思想引领，是劳动教育理论课立德树人的根本要求。劳动教育理论课的价值导向，就是要通过教学，引导学生树立正确的世界观、人生观和价值观，这是劳动教育理论课教学的根本任务，也是专题化教学设计的立足点和落脚点。劳动教育理论课的对象是"人"，劳动教育理论课的一个特点是"思"，既不能"用通识代替劳动教育"，也不能"用知识代替劳动教育思想"。习近平总书记强调指出："要把培养担当民族复兴大任的时代新人作为重要职责。重中之重是要以坚定的理想信念筑牢精神之基，坚定对马克思主义的信仰，对社会主义和共产主义的信念，对中国特色社主义道路、理论、制度、文化的自信。""要抓住青少年价值观形成和确定的关键时期，引导青少年扣好人生第一粒扣子。"①

第三，内容优化要坚持"顶天""立地"，资料要有权威性，案例要有代表性。专题化教学在优化专题内容实现"三个转变"的过程中，要以新形势、新理论、新案例充实教学内容，使专题内容既符合全国统编教材的基本要求，有政治高度和理论深度，能够"顶天"，又紧密联系学生实际，能够"立地"。如何做到"顶天""立地"，我们认为，选择的资料和案例必须有权威性和代表性。首先，资料的权威性，主要是指来源于权威渠道和平台以及专业领域权威专家的观点，能够代表学界主流，关涉学科前沿。其次，案例的代表性，主要是指选用的案例能够体现基本原理，

---

① 习近平谈治国理政：第三卷[M]. 北京：外文出版社，2020：313.

具有鲜明的时代特征，与新时代中国特色社会主义伟大实践紧密结合，能让劳动教育理论课教学通过科学的理论阐释和成功的实践佐证，形成强大的说服力和吸引力。

2）整体思维，加强管理

劳动教育理论课教学的整体过程包括课前、课中、课后三个基本环节。专题化教学在改革创新教学方法时，首先须坚持整体思维，注重各个环节教学方法的协同创新，使其发挥出"1+1>2"的综合效应，促使学生实现由"要我学"向"我要学"转变。从具体做法看，一些高校在专题化教学中，不再使用或较少使用纯理论的教学方法，而采用了案例教学和讨论式教学相结合等具体的方法，在每个专题中，都设置了若干个重点任务。学生完成任务的方式可以是个人自主完成，也可以团队合作完成。教师结合专题内容和教学需要，指定相应的理论著作或文献等作为阅读材料，要求学生阅读学习和分享体会。除此之外，为了进一步激发学生对于劳动教育理论课的学习主动性和积极性，在课后还增设了一些讨论题目。这些讨论题目紧密结合当下的社会热点和学生普遍关注的焦点，让学生积极参与课后讨论。这些课后讨论题目，从内容上看，既有对讲授内容进行复习巩固深化的安排，也有为之后授课作课前预习和铺垫的考量。因此，通过这种课前、课中、课后相互配合的教学方法，能够确保学生运用辩证思维去分析和解决问题，也有利于开展探究性学习和开放式教学。其次，根据各专题内容的不同，选择与其相适合的教学方法和手段。实施专题教学的最终目的是提升劳动教育理论课教学效果。为此，仅有优质的专题内容是不够的，还要有恰当的教学方法与手段。因此，在实施专题化教学过程中，要从大学生的主体条件、学习能力和认知规律等要素出发，改变传统的灌输式教学方法，坚持启发式、研讨式等相结合的方法，促进师生之间、生生之间的多向交流，营造共同探讨问题的教学氛围，使学生对劳动教育理论课学习产生浓厚的兴趣，并达成入耳、入脑、入心的境界。

3）综合考评，以考促学

从教学与考核的内在关联来看，考核是检验教学成效的主要手段。科学、合理的考核方式，一方面有利于调动学生学习积极性、主动性和创造性，提高教学效果；另一方面可以全面、客观、真实反映学生的学习效果。传统的考核机制，主要以理论知识的考试评价学生的学习效果，期末考试成绩是唯一的评价指标。这种考核机制，不能全面考查学生的学习状况和综合能力，只能考查学生的突击记忆力。这种考核机制很容易导致一些学生的到课率和听课率下降，只在考前突击背诵。为此，对考核机制进行改革势在必行。从各高校考核评价机制改革的经验看，应全面考查学生的知识、情感、品德和分析解决问题的能力。考核内容可分为过程考核与实践考核两部分。过程考核主要包括课前发言、课堂讨论和课堂表现、平时作业等。作为过程考核中的课程考试，应贯彻2018年6月召开的新时代全国高等学校本科教育工作会议精神，尤其是"对大学生要合理'增负'，提升大学生的学业挑战度""要改变考试评价方式，严格过程考评""要严把出口关，改变学生轻轻松松就能毕业的情况，真正把内涵建设、质量提升体现在每一个学生的学习成果上"。①个别高校的劳动教育理论课考试缺少应有的难度,只有客观题而没有主观题,客观题也只是常识性题目,这样的考试很容易给学生造成轻轻松松就可以过关的认知体验,使学生失去刻苦学习的压力和动力。就激发学生对劳动教育理论课的学习兴趣而言,既需要通过提供优质供给在根本上使学生主动产生学习兴趣,也需要通过适当提高考试难度客观上使学生必须变压力为动力,达到以考促学的目的。把这两方面相结合,是提高劳动教育理论课教学效果的重要经验。因此,在课程考试方面,在要适当增加主观题占比,主观题的设置应依据平时教师与学生共同学习和讨论的问题,并结合当前国内外的热点问题,让学生利用所学习的理论知识进行分析解答。而主观题的评价,也不能拘泥于"标准答案",而要根据学生的回答所体现的思维深度和广度进行综合评价。这样的考核方式,有助于改变学生死记硬背教材内容来应付考试的现象,切实提高灵活应用所学理论知识分析解决问题的能力。对于实践的考核,可设计若干个题目,让学生利用节假日进行社会调查,并指导学生撰写社会调查报告,使学生能够学以致用、知行合一。

二、以实践基地为依托,实现实践活动多样化

理论性与实践性相统一,是马克思主义的本质特征,也是劳动教育理论课的根本要求。作为落实立德树人根本任务的关键课

---

① 陈宝生. 在新时代全国高等学校本科教育工作会议上的讲话[J]. 中国高等教育, 2018 (15): 4-10.

程，劳动教育理论课既要强调传承真理，培养具有马克思主义立场、观点和方法的理论型人才，又要凸显其行为指导意蕴的价值观引领作用，培养具有创新发展实践能力的应用型人才。因此，实践教学是劳动教育理论课本身不可或缺的重要组成部分，加强劳动教育理论课实践教学对提高育人效果具有重要意义，必须积极整合实践资源，拓展实践渠道，以多样化的实践基地为依托，努力创新实践形式和内容，开展多样化的实践活动。

（一）加强实践教学的重要性

劳动教育理论课是关乎人的思想观念和行为发展的核心课程。习近平总书记指出："一种价值观要真正发挥作用，必须融入社会生活，让人们在实践中感知它、领悟它。要注意把我们所提倡的与人们日常生活紧密联系起来，在落细、落小、落实上下功夫。"①劳动教育理论课必须要注重理论性与实践性相统一，让学生把所学的理论知识运用于实践，在实践中去感悟，从而深化理论认知，坚定理想信念，使价值观念内化于心、外化于行。

1. 加强实践教学是落实有关指示和文件精神的必然要求

2020年中共中央、国务院颁行的《关于全面加强新时代大中小学劳动教育的意见》强调："强化实践体验，让学生亲历劳动过程，提升育人实效性。"②这不仅提出了加强劳动教育理论课实践

---

① 习近平谈治国理政：第一卷[M]. 北京：外文出版社，2014：165.
② 关于全面加强新时代大中小学劳动教育的意见[N]. 人民日报，2020-03-27（01）.

教学的要求，同时也为加强劳动教育理论课实践教学指明了方向。之后，2020年教育部颁行的《大中小劳动教育指导纲要（试行）》强调："专门开设劳动专题教育必修课，本科阶段不少于32学时；课程内容应加强马克思主义劳动观教育，普及与学生职业发展密切相关的通用劳动科学知识，并经历必要的实践体验。"①同时要求"学校要与相关社会实践基地共同开发并实施劳动教育课程""联合社会力量，共建共享稳定的劳动实践基地、校外实习实训基地、各类型创新创业孵化平台，多渠道拓展劳动实践场所"。②这些文件进一步强调要规范劳动教育理论课实践教学，要切实提高实践教学实效。我们要把这些指示和文件精神落到实处，其中一个重要方面就是必须加强实践教学。

2. 加强实践教学是知行合一的必然要求

劳动教育理论课既是理论性的又是实践性的，具有理论性和实践性高度统一的特性。这种统一性尤其表现在劳动教育理论课的课堂教学与实践教学的统一关系之中。首先，劳动教育理论课的课堂教学与实践教学是统一的认识过程。"一个正确的认识，往往需要经过由物质到精神，由精神到物质，即由实践到认识，由认识到实践这样多次的反复，才能够完成。"③如此"实践、认识、

---

① 教育部关于印发《大中小学劳动教育指导纲要（试行）》的通知（教材〔2020〕4号）[J]. 中华人民共和国教育部公报，2020（7）：2-11.

② 教育部关于印发《大中小学劳动教育指导纲要（试行）》的通知（教材〔2020〕4号）[J]. 中华人民共和国教育部公报，2020（7）：2-11.

③ 毛泽东文集：第八卷[M]. 北京：人民出版社，1999：321.

再实践、再认识,循环往复以至无穷,而实践和认识之每一循环的内容,都比较地进到了高一级的程度"[①]。这就是认识辩证运动发展的基本过程,也是认识运动的总规律,表明认识是一个反复循环和无限发展的过程。劳动教育理论课教学作为人类认识过程的一种,必须遵循这一规律,将引导认识的课堂教学和深化认识的实践教学相统一,将教师指导学生认识人类已有知识经验的课堂教学和改造主观世界、形成和谐发展个性的实践教学相统一。其次,劳动教育理论课的课堂教学与实践教学的目的和任务是统一的。课堂教学和实践教学都是劳动教育理论课教学的必要环节和组成部分,二者的内容都应服务于劳动教育理论课的教学目的。虽然它们在内容上各有侧重,如课堂教学侧重于对理论知识的阐释和分析,实践教学侧重于学生的亲身体验和实际参与,但它们只是以不同的方式去实现同一个教学目标,即帮助学生从整体上把握马克思主义,树立正确的世界观、人生观和价值观,都由劳动教育理论课的整体教学目标和要求来统领。最后,劳动教育理论课的课堂教学与实践教学的功能和作用是统一的。劳动教育理论课的教学活动是围绕马克思主义基本理论的阐释和分析展开的,这是由学生理解、掌握、认同马克思主义基本理论、基本立场、基本观点这一主要任务所决定的。因此,在劳动教育理论课的教学活动中,要以课堂教学引领实践教学,通过实践教学深化课堂教学,推动学生将课堂理论内化于心,并通过社会实践活动外化于行,实现知行合一。

[①] 毛泽东选集:第一卷[M]. 北京:人民出版社,1991:296-297.

3. 加强实践教学是提升学生获得感的必然要求

理论与实践相结合的劳动教育理论课教学，一要做到靶向讲解，有针对性地为学生答疑解惑。青年大学生正处于人生的"拔节孕穗期"，处于世界观、人生观、价值观形成的关键时期，思想上存在诸多迷茫与困惑，要有针对性地"滴灌"，立足实践开展理论教学，对学生个体存在的思想问题予以针对性的理论指导。二要做到关切现实，帮助学生解答实际问题。科学的理论来源于鲜活的社会实践，只有将科学的理论应用于对现实问题的指导与解释之中，才能发挥劳动教育的真正价值。坚持理论与实践相结合，既重视对学生进行马克思主义理论教育，又注重对学生实际问题的关切，围绕学生、服务学生，以学生为本，聚焦其所思、所想、所盼、所求，才能使理论教育与学生需求合拍对路，满足学生成长需求与期待，切实增强学生的获得感。

4. 加强实践教学是培养大学生创新意识和创新能力的必然要求

当今时代是一个变革和创新的时代，人才培养必须适应时代发展的需要。强烈的创新意识和卓越的创新能力，是我国创新发展战略对创新型人才的迫切要求。"创新是一个民族进步的灵魂，是一个国家兴旺发达的不竭动力，也是中华民族最深沉的民族禀赋。"[①]创新意识和创新能力是大学生成长成才的必备素质。社会实践是培养大学生创新意识和创新能力，并促进其成长成才的一

---

① 习近平谈治国理政：第一卷[M]. 北京：外文出版社，2014：59.

剂良方。劳动教育理论课在创新型人才培养过程中具有举足轻重的作用,新时代高校劳动教育理论课改革创新,必须加强实践教学,以丰富生动的实践内容和多样化的实践形式,鼓励和帮助大学生以中国共产党人推动马克思主义中国化的过程中体现出来的强烈创新意识和创新精神为典范,努力在实践中培养创新意识,提高创新能力,在"大众创业,万众创新"的时代洪流中把自己培养锻造成为新时代中国特色社会主义的合格建设者和可靠接班人,成为堪当民族复兴大任的时代新人。

(二)多样化实践基地建设的思路

劳动教育理论课实践基地是开展实践教学、实现理论性与实践性相结合的物质载体和依托,是促进学生理论联系实际、了解社情民意、接触生产实践的中介和桥梁,也是培养学生创新精神和实践能力的重要场所。借助实践基地开展实践教学,不仅有利于促进师生交流,而且有利于促进思想转化。因此,建立多种类型、多种功能的实践教学基地,是开展多样化实践活动的前提,直接关系到劳动教育理论课实践教学的成效。

劳动教育理论课"一体两翼三化"立体教学格局的一个特点是实践教学重"整合"。"整合"是丰富实践资源、解决劳动教育理论课实践教学资源分散的重要途径。因此,建立多样化的实践基地,要以"整合"作为基本思路,要在科学分类的基础上通过整合校内外实践资源,建立起布局合理管理规范的实践教学基地,并形成科学规范的实践基地运行机制。

1. 科学分类，明确实践基地的功能

对劳动教育理论课实践基地进行科学分类，是进一步深化对实践基地的认识，加强实践基地建设的需要。从高校的具体做法看，分类标准多样，有按本校实践活动主题分类的，如劳动文化传承基地、法治中国教育基地；有按基地所属行业分类的，如工业基地、农业基地；有按基地功能分类的，如劳动教育示范基地、乡村振兴示范基地等。这些划分标准各具特色，各有优缺点。从借鉴价值和推广意义的角度来看，以基地的功能作为分类标准更科学。按此标准，高校劳动教育理论课实践基地可以划分为：一批土地、山林、草场等作为学农实践基地，确认一批厂矿企业作为学工实践基地，认定一批城乡社区、福利院、医院、博物馆、科技馆、图书馆等事业单位、社会机构、公共场所作为服务性劳动基地。[1]当然，在此基础上，我们还可以根据功能、特点进一步细分。

2. 合理布局，整合实践基地的资源

加强和改进实践基地的整体规划，实现基地建设的合理布局，从而整合实践基地资源，实现劳动教育理论课实践教学基地资源共享，是高校劳动教育理论课实践基地建设的重要途径。

1）合理布局

高校劳动教育理论课实践基地布局，是指实践基地资源在一

---

[1] 教育部关于印发《大中小学劳动教育指导纲要（试行）》的通知（教材〔2020〕4号）[J]. 中华人民共和国教育部公报，2020（7）：2-11.

个国家、地区和高校的空间分布,组合方式及其区域间的联系。实践基地布局是一项系统工程,与其他布局一样,是为了满足劳动教育理论课的需要,不断发展的、由人工和自然组合而成的集体。有的高校往往只重视基地个体的建设,忽视了基地建设的宏观规划布局;还有的高校基地建设带有一定程度的随意性、盲目性,没有结合实践基地的功能、特点、规律及自身实际去考虑。随着高校劳动教育理论课改革创新的推进,随着实践基地建设相关理论研究和探索实践的深入,实践基地建设的整体规划、合理布局成为一个重要的现实问题,是高校劳动教育理论课实践基地建设中的重要内容。整体规划、合理布局,不仅有利于减少劳动教育理论课实践基地的盲目性、随意性,还有利于劳动教育理论课实践教学基地的全面整合,形成一定规模和示范效应。

2)资源共享

高校劳动教育理论课实践基地资源,可分为有形资源和无形资源两大类。有形资源主要包括实践基地的自然环境、场馆景点、设施、报刊书籍、教育者等。无形资源主要包括实践基地的教风学风、基地精神、各种规章制度、基地文化观念等。对于实践基地资源要进行优化配置,合理开发利用,资源共享。实践教学基地资源共享,实际上是教学实践基地在互惠互利基础上,优化资源配置,共同享用基地资源、提高资源效益的过程。

第一,构建实践基地资源共享体系。要紧紧围绕大学生劳动教育思想、政治和品德素质的培养,开展基地建设,实现资源共享。首先要强化劳动教育理论课实践基地资源意识,树立向实践教学基地资源要质量要效果的观念；要改变过去那种分散、封闭、单一存储的传统观念，克服盲目追求大而全、小而全以及重复建设、条块分割、各自为政的倾向，真正形成集约开放、条块结合、网络共享的社会实践教学基地资源体系。其次，通过横向联系、优势互补，依靠整体力量，通过互联网建立比较完备的社会实教学基地资源信息系统，以满足高校劳动教育理论课实践教学的需要。

第二，建立实践基地资源共享机制。要实现劳动教育理论课实践基地资源共享，必须建立相应的资源共享机制。一是共建机制，即在互惠互利基础上共同投资建设实践基地。众多高校都与地方政府共建长期稳定的研究基地，使实践单位、实践内容和主题相对稳定持久，共建双方都获益匪浅、合作共赢。二是共管机制，即共同管理实教学基地的机制。事实表明，高校劳动教育理论课实践基地资源的建设，仅靠增加投入是有局限性的，重要的着眼点是提高实践基地资源管理水平和利用率。三是共享机制，即高校劳动教育理论课实践基地资源为其他基地、学校、社会所共同或相互利用的机制，如开放式共享、参与式共享、展览式共享、网络式共享，从而大大提高教学实践基地资源的利用率。

第三，充分挖掘实践基地的资源功能。要注重一地多用、功能整合。建设完善劳动教育理论课实践基地，需要大量的人力、物力、财力，因此既要致力于满足学校劳动教育理论课实践与学校改革发展的需要，还要注重各种基地的一地多用和多种功能的整合，充分发挥基地最佳的教育效益、社会效益和经济效益。基地建设实践证明，建设形式上的多样化是基地建设数量和规模发展的前提条件，功能的多样化是基地稳固发展的内因和决定性因素。

3. 加强管理，规范实践基地的运行

要加强高校劳动教育理论课实践基地的管理，必须贯彻执行国家制定的有关高校劳动教育理论课教育教学的规章制度，不断完高校及共建单位的基地管理制度，同时还必须建立劳动教育理论课实践基地建设的组织机构。

1）遵循管理原则和依据

2015年，《全国人民代表大会常务委员会关于修改〈中华人民共和国教育法〉的决定》、2017年颁布的《关于深化教育体制机制改革的意见》、2020年颁布的《关于全面加强新时代大中小学劳动教育的意见》和《大中小劳动教育指导纲要（试行）》、2020年《中共中央关于制定国民经济和社会发展第十四个五年规划和二〇三五年远景目标的建议》是我们高校劳动教育理论课实践基地建设必须遵循的依据。同时，国家、地方及其教育行政主管部门制定的关于劳动教育理论课社会实践教学基地建设方面的政策，也应成为基地管理和运行的规范，如教育部2020年颁布的《大中小劳动教育指导纲要（试行）》等。以上是国家及地方部门具有较强的政策性、原则性和指导性的规范，应成为劳动教育理论课实践基地建设的重要依据。

2）不断完善基地管理制度

要使高校劳动教育理论课实践基地建设工作制度化，高校及共建单位应结合实际，制定有关高校劳动教育理论课实践基地建设的制度，主要包括：第一，建立党委统一领导，党政主要领导亲自抓，各方面积极配合、分工负责的领导体制，形成全员共同参与、齐抓共管的局面。第二，将劳动教育理论课实践基地建设纳入学校的工作计划，明确基地建设的重要地位。第三，完善基地建设程序。从申请立项——协议签订——评估检查，形成制度，有效规范实践教学基地建设。第四，建立经费保障制度，实行经费专项管理、专人负责，并建立多渠道筹集基地建设经费的机制，保障实践教学基地建设顺利实施。第五，建立实践教学基地管理人员职责规范，如管理人员教育理论水平和专业知识、实践能力和岗位职责任务。第六，建立劳动教育理论课实践基地有关财、物管理以及活动开展等各个方面的制度。

3）建立基地建设的组织机构

高校应设立劳动教育理论课实践基地建设领导小组，学校党委书记、校长任领导小组组长，学院、学工部、研工部、宣传部、校团委、教务处、财务处等相关二级单位负责人担任领导小组成员。领导小组下设办公室，挂靠马克思主义学院。基地建设工作由基地办公室具体组织、协调、推动、运行，相关职能部门相互协调、紧密配合。

（三）创新实践教学形式，开展多样化活动

1. 实践教学的常见形式

劳动教育理论课实践教学的形式多种多样，常见的有调查研究、社会实践、参观体验、经典阅读、观看影视、演讲辩论、情景表演等。

1）调查研究

调查研究是在系统地、直接地收集有关社会现象的经验材料的基础上，通过对材料的分析与综合来科学地阐明社会生活状况及其发展规律的认识活动，包括调查和研究两个环节。调查是研究的前提和基础，没有调查就无法研究。要了解真实的社会实际，唯一的方法就是向社会做调查。社会调查是指收集事实、数据，了解情况，占有材料，这是一种感性认识；研究是指从现象中寻求本质，从经验中推导理论，从感性认识上升到理性认识。社会调查的实效性如何，体现在社会调查的成果——社会调研报告的质量水平上。因此，要严格把好调研报告撰写这一关，以提高劳动教育理论课实践教学的效果。

2）社会实践

社会实践是指根据教学要求，让学生对已经学过的理论知识在实际活动中进行综合运用的践行过程。社会实践旨在加强学生对社会的了解，培养学生认识、观察社会以及分析、解决实际问题的能力，提高学生的理论水平和技能，并为学生毕业后尽快适应新的工作环境打下基础。学生参加社会实践的形式也是多种多样的。一是参加学生理论社团组织，如劳动教育理论研究协会。通过理论社团的活动，可深化对理论的认识，提高实际的理论水平和运用能力，激发学习热情，开阔视野，拓展思维。二是参加大学生勤工俭学活动，这是大学生参与社会实践的重要形式。三是参加创新创业活动。四是参加各种志愿者活动，如在大学生中广泛开展的"三下乡"活动、做新冠疫情防控志愿者,以及到敬老院、福利院做义工等。

3)参观体验

参观体验是指到各种实践基地进行实地参观体验,让学生通过现场展示受到教育和触动,从而升华学生的政治认同、思想认同、理论认同、情感认同。为使参观体验式实践教学取得良好效果,需要注意这样几点:一是要有明确的教学目的。二是要有针对性,务必紧密联系教学目的选择功能合适的参观基地。三是事前要与基地做好沟通,让基地明确参观目的,安排好参观内容和讲解人员。四是要注意不同课程参观内容的协调,避免雷同或重复。

经典阅读是根据教学安排让学生通过读原著来悟原理,加深对课堂理论教学内容的理解和认识。不同课程应紧密结合课程特点和教学内容,引导学生阅读相关的经典原著。比如《劳动教育概论》讲到"劳动精神教育"这部分内容时,可让学生阅读毛泽东的《实践论》《改造我们的学习》《为人民服务》等。

4)观看影视

观看影视是指根据劳动教育理论课实践教学的需要,让学生观看指定的电视电影教学片。这类教学影视融政治性、思想性、历史性、文化性、示范性于一体,形象直观,富有视觉听觉冲击力,深受大学生喜爱。相比其他实践教学形式,观看影视在教学时间安排上比较自如,而且没有太大的经费负担,也避免了外出实践容易让领导、教师、家长都比较关心的安全问题。可作为劳动教育理论课实践教学观看的教学影视非常多,既有多年以前拍摄的,也有近年重拍的。因此,选择或指定影视教学片时,任课教师可根据教学目的,结合当今大学生的观影潮流,选择他们比较喜爱或熟悉的一些演员主演的教学影视。这样学生学习的兴趣会更浓,教育教学的效果会更好。

5)演讲辩论

演讲辩论是劳动教育理论课常见的课内或校内实践形式。演讲,是指根据劳动教育理论课实践教学目的和需要,让学生围绕某个明确的主题开展的实践活动。可以是为了纪念,如"青春心向党·建功新时代——纪念五四运动 100 周年主题演讲";也可以是为了宣传,如"风华正茂·青春颂党——庆祝中国共产党成立 100 周年主题演讲"等。演讲不仅可以加深学生对历史知识的学习和了解,而且能加深学生对党、对祖国、对人民的感情,引导学生立鸿鹄志,做奋斗者。辩论是指根据教学需要,让学生就某个值得思考的问题或社会现象运用学所的相关理论展开有理有据的辩驳,以对辩题有正确的理论认识和价值判断。劳动教育理论课的辩论,要注意与普通的强调论辩技能的辩论比赛区别开来。作为辩论的一种,劳动教育理论课的辩论当然也要注意培养和提高学生的论辩技巧,拓展学生的思维,但更重要的是通过辩论明辨劳动教育理念、观念,在此基础上提高学生的理论水平和熟练运用理论分析问题的能力。

6)情景表演

情景表演是指根据教学安排,让学生以角色扮演的方式再现历史或现实。这也是比较受当今大学生欢迎的一种课内实践形式。这一实践形式，可使学生深入了解历史或现实事件的过程细节，并将自己代入扮演的角色之中，切身感受人物的思想情感和内心世界。情景表演既可让表演者受到深刻的教育，也可以让观看的同学、老师受到感染和教育。

2. 创新实践教学形式开展多样化活动

中国特色社会主义进入新时代，新时代要有气象，新征程要有新目标。在此大背景下，高校劳动教育理论课也要紧跟新时代的步伐，大力改革创新。2020年中共中央、国务院颁行的《关于全面加强新时代大中小学劳动教育的意见》强调："积极探索具有中国特色的劳动教育模式，创新体制机制，注重教育实效，实现知行合一，促进学生形成正确的世界观、人生观、价值观。"①这不仅提出了加强劳动教育理论课实践教学的要求，也为加强劳动教育理论课实践教学指明了方向。之后，2020年教育部颁行的《大中小劳动教育指导纲要（试行）》强调："强化马克思主义劳动观教育，注重围绕创新创业，结合学科专业开展生产劳动和服务性劳动，积累职业经验，培育创造性劳动能力和诚实守信的合法劳动意识。"②广大劳动教育理论课教师积极响应党和国家的号召，按照中共中央和国务院文件的精神，把劳动教育理论课的传统优

---

① 关于全面加强新时代大中小学劳动教育的意见[N]. 人民日报，2020-03-27（01）.
② 教育部关于印发《大中小学劳动教育指导纲要（试行）》的通知（教材〔2020〕4号）[J]. 中华人民共和国教育部公报，2020（7）：2-11.

势与新技术相结合,把劳动教育理论课小课堂与社会大课堂相结合,守正创新,在劳动教育理论课实践教学的形式、组织模式等方面进行了许多有推广价值的探索。

1)实践教学形式的创新

近年来,尤其是新冠疫情暴发以来,因客观形势的变化,劳动教育理论课实践教学的形式创新取得了不少新成果,其中比较有代表性的有微视频制作、网络实践、VR虚拟实践。

微视频制作是随着智能手机的普及逐渐兴起的被广泛使用的一种劳动教育理论课实践教学方式,并且到目前为止,教育部以"习近平新时代中国特色社会主义思想大学习领航计划系列主题活动"的方式,组织了全国性的"大学生劳动教育理论课微视频比赛"。作为劳动教育理论课实践教学的微视频制作,是让学生根据劳动教育理论课中的任何一个内容,录制一段10分钟左右的微视频。其主题选择宽泛,只要是反映劳动教育理论课教学内容、有教育意义的主题都可以。拍摄者既可以站在颂扬真善美的角度反映某个内容,也可站在揭露和批判假恶丑的角度反映某个内容。学生录制微视频时,要站在人民的立场,运用劳动教育理论课所学的相关理论、观点对所拍摄的内容进行分析,并用影像说话,达到颂扬真善美或批判假恶丑的教学目的。2021年,华中师范大学组织举办了第五届教学节,让劳动教育理论课正式以微电影的形式展示出来,活动的开展具有极强的示范引领效果,深受大学生的喜爱。

劳动教育理论课网络实践,是随着劳动教育理论课网络教学的兴起而出现的新形式,但在2020年春季以前,网络实践并不普遍。从2020年春季学期开始,因受新冠疫情的影响,这一形式广泛普及开来,成为近两年各高校劳动教育理论课实践教学的一种主要形式。网络实践相比于传统的实践形式,最大的优势是突破了时空限制,有利于进一步将理论教学与实践教学结合起来,将劳动教育理论课小课堂与社会大课堂结合起来,将校内实践资源与校外实践资源甚至全球可资利用的实践资源整合起来,化解了传统实践方式经常面临的一些难题,如资源匮乏、时间难以协调、经费难以解决、安全没有保障、优秀实践成果展示不方便等。网络实践以自身的诸多优势大大提升了实践教学效果,特别是教师可将优秀的学生实践成果通过网络平台非常方便地加以展示,使学生的成就感倍增,极大地提高了学生参加实践活动的积极性、主动性。

VR虚拟实践是随着劳动教育理论课虚拟仿真实验室建设逐渐兴起的一种新的实践形式。尽管目前还只是少数高校在尝试,但很可能成为未来劳动教育理论课理论教学与实践教学相结合的一种重要形式。随着时间的推移,此种新形式将日益受到更多的关注。劳动教育理论课的VR虚拟实践,是借助VR虚拟仿真技术,将劳动教育理论课的教学内容以文字、声音、图像、动画等形式在符合教学内容的虚拟场景中以三维立体的逼真形式呈现出来,让人产生身临其境的交互式实景体验感。它还可通过视听隔绝,让人有效排除外界信息的影响,沉浸于虚拟环境之中,让人的感受更加全面、真实,更能够根据自己视角的变化来感受相应情景。跟网络实践一样,学生都有充分的自主性和交互性,但VR虚拟实践比网络实践更有真实感,更受青年学生的喜爱。目前之所以还未普及,主要是建设模式是由个别高校提出需要,专业公司进行内容定制,这就使得建设经费投入巨大,一门课程所需要的内容动辄需要投入上百万。有理由相信,随着尝试的高校逐步增多和需求的增加,一批从事劳动教育理论课VR虚拟教学内容模块化制作的专业公司将会陆续出现,目前只有专业技术人员而没有大量的内容产品的局面将会得到改变。如此一来,成本将大大降低,模块化的内容更加丰富,必然使劳动教育理论课VR虚拟教学逐渐普及开来。

2)实践教学模式的创新

所谓实践教学模式,是指根据一定的教学理念,将实践教学内容、形式、开展路径等综合起来形成的一整套实践教学组织方式。近年来,各高校在改革创新过程中,不断根据教学实践总结提出新的教学理念,形成了许多有推广价值的新模式。比如西北农林科技大学提出的构建特色劳动教育多元协同模式,形成了让劳动育人渗透到"第一课堂"、让劳动育人实践在"第二课堂"、让劳动育人传扬在"网络课堂"。

所谓劳动教育理论课实践教学多元协同模式,是高校劳动教育理论课教师与学工部、团委、宣传部等部门协作,或者与高校外的社会公益组织协作,共同参与大学生劳动教育理论课实践教学的管理,实现多部门间师资协同、基地协同、经费协同,从而实现资源的优化配置,最终提升劳动教育理论课实践教学实效性的教学模式。此模式的多元性，主要体现在实践教学的主体多元化，既包括劳动教育理论课教师，也包括校内相关职能部门，还包括校外的教育基地、慈善组织、志愿者协会等各种社会组织机构。该模式认为，高校应抛弃劳动教育理论课实践教学由劳动教育理论课教师"单兵作战"的教学模式，构建多元协同模式，包括校内统一联合模式、校内项目协作模式、校内自由实践模式、校外专项服务模式、校外互助合作模式等。

3）持续开展改革创新的思路

劳动教育理论课实践教学改革创新永远在路上，各地各高校的具体情况不同，不能完全照搬别人的典型做法，应在借鉴的基础上结合本校的实际情况进行创新性探索。在探索过程，可考虑如下思路。

第一，实践项目模块化，统筹安排课程模块。根据劳动教育理论课程的特点，从整体上将劳动教育理论课实践教学项目划分为若干模块，并统筹安排各门课程对应的模块，以避免不同课程和教师各自为阵，导致实践内容和形式重复的问题。比如，可将实践教学项目整体上划分"观、讲、创、写、行"五个模块。"观"是指前往校外实践基地进行参观学习；"讲"是指翻转课堂，让学生上讲台当"主播""主讲人"；"创"是指结合时政热点创作反映劳动教育理论课内容的微视频、微课件等；"写"是指撰写参观学习体会、读书心得等；"行"是指参加社会调研、志愿者服务等活动。

第二，通过三个结合，使实践活动多样化。一是依托校内各职能部门的实践资源，把劳动教育理论课实践与全校性第二课堂实践相结合，由主管劳动教育理论课的学院与相关职能部门联合开展系列主题实践活动。二是组织方式上，把"走出去"与"请进来"相结合。比如，有的高校邀请实践基地以流动大篷车的形式将馆内陈设做成展板，搬至校内进行较长时间的展出，教师根据统一安排分期分批地组织学生进行参观体验。三是将现实实践与网络实践、VR虚拟实践相结合。

总之，只要劳动教育理论课教师解放思想，开动脑筋，甘愿付出，就一定能在探索中不断创新出劳动教育理论课实践教学的新形式、新模式，使劳动教育理论课实践活动变得内容丰富，形式多样，让劳动教育理论课实践教学真正成为"既有意义又有意思"、深受学生喜爱的教学。

三、以网络平台为载体，实现网络教学实效化

习近平总书记在 2016 年全国高校思想政治工作会议上指出，做好高校劳动教育理论课教学模式路径创新工作，要因事而化、因时而进、因势而新。根据"三因"理念的时代要求，推动劳动教育理论课传统优势同信息技术高度融合是新时代增强劳动教育理论课的有效性、时代感、吸引力的必要手段。

（一）新时代劳动教育理论课开展网络教学的重要性

"互联网+"时代的到来，彰显了网络的特殊功能，倒逼着劳动教育理论课教师必须更新观念，充分认识到网络信息化对劳动

教育理论课改革创新的重要性。2020年中共中央、国务院颁行的《关于全面加强新时代大中小学劳动教育的意见》也强调："高等学校要注重围绕创新创业,结合学科和专业积极开展实习实训、专业服务、社会实践、勤工助学等,重视新知识、新技术、新工艺、新方法应用,创造性地解决实际问题。"①之后,2020年教育部颁行的《大中小劳动教育指导纲要(试行)》强调:"鼓励学生在学习和借鉴他人丰富经验、技艺的基础上,尝试新方法、探索新技术,打破僵化思维方式,推陈出新。"②新媒体时代,推动劳动教育理论课传统优势与信息技术高度融合,努力实现劳动教育理论课网络教学实效化极其重要。

1. 是实现劳动教育理论课教学模式与时俱进的必然要求

社会发展到智能时代,劳动教育理论课教育必然要伴随着时代的变迁而发生深刻的变革。当代大学生普遍成长于互联网时代,视野开阔,个性鲜明,对知识的需求已不满足于传统单调化的课堂教学模式。在人工智能、大数据、区块链等技术迅猛发展的今天,为顺应智能环境下的教育发展生态,网络教学已成为实现劳动教育理论课教学模式与时俱进的必然要求。当下,把课堂教学作为主阵地,实践教学与网络教学相结合,补充课堂教学的不足,三者相辅相成,协同育人,已成为一种新的多元立体化的教学模

---

① 关于全面加强新时代大中小学劳动教育的意见[N]. 人民日报,2020-03-27(01).
② 教育部关于印发《大中小学劳动教育指导纲要(试行)》的通知(教材〔2020〕4号)[J]. 中华人民共和国教育部公报,2020(7):2-11.

式受到广泛关注。在"互联网+劳动教育理论课"模式下,通过网络教学,开辟了劳动教育理论课教育的新路径,有助于引导大学生转变学习方式,激发学习兴趣,培养实践能力、创造能力,充分发挥劳动教育理论课在大学生思想教育方面的主渠道作用。

2. 是实现劳动教育理论课教育现代化的有效途径

2020年教育部颁行的《大中小劳动教育指导纲要(试行)》强调:"鼓励、支持各地利用大数据、云平台、物联网等现代信息技术手段,开展劳动教育过程监测与记实评价,发挥评价的育人导向和反馈改进功能。"[①]虽然关于教育信息化建设的探索已持续多年且取得了较大的成绩,但已有的成绩与现实的需求仍存在较大差距。劳动教育理论课教育作为教育现代化的组成部分,需要发展基于互联网的教育服务模式,在"互联网+教育"大平台下,开展"互联网+劳动教育理论课"的教学实践探索,使信息技术和智能技术深度融入教育的全过程,形成"平台+劳动教育理论课"的服务模式,整合各类教育资源和公共服务平台,确保平台互通、衔接与开放,实现教育资源有效共享,从而有效支撑学校和师生开展网络化教学应用。由此可见,"互联网+劳动教育理论课"模式下的网络教学需建立在可以享受丰富的优质资源的基础上,同时要求网络空间打破校际间、区域间的智力服务壁垒,使域内外优秀教师的教学成果实现共享。这样不仅可以促进教育公

---

① 教育部关于印发《大中小学劳动教育指导纲要(试行)》的通知(教材〔2020〕4号)[J]. 中华人民共和国教育部公报,2020(7):2-11.

平，而且可以构建思想政治教育的泛在学习环境，促进劳动教育理论课教育目标的实现，对实现教育现代化和人才强国战略具有重要意义。

3. 是强化劳动教育理论课育人实效的现实需要

实践的魅力不仅在于行动力，更在于敏锐的指导性。劳动教育理论课是落实立德树人根本任务的关键课程，致力于解决好培养什么人、怎样培养人、为谁培养人这个根本问题。当代大学生生活在网络信息化时代，热衷于用信息化手段把握话语权，这是我们必须要考虑的学情。借助网络载体作用，拓宽、丰富高校劳动教育理论课的实践教学方式，是网络时代丰富实践教学的有效路径。因此，劳动教育理论课教师积极开展网络教学，努力探索网络教学的有效途径具有重要的现实意义。2020年春季学期新冠肺炎疫情肆虐期间，为响应和落实教育部"停课不停学、停课不停教"的号召，劳动教育理论课教师不断提升网络授课技能，并顺利实现了从线下传统教学模式向线上线下相结合的混合式教学模式的转变。从实践效果看，这一新的劳动教育理论课教学模式，激发了学生学习的积极性和主动性，对高校立德树人工作起到支撑作用，也为提升高校劳动教育理论课育人实效性提供了可借鉴的思路。

（二）当前劳动教育理论课网络教学存在的问题

网络教学曾经只是作为劳动教育理论课教学的辅助手段，但是，2020年春季受新冠肺炎疫情的冲击，根据"停课不停教、停课不停学"的要求,高校劳动教育理论课教师与全国其他教师一样,必须选择完全线上教学,于是网络开始作为劳动教育理论课教学的主要手段登上了历史舞台。虽然大家都在开课前做了许多准备,但仍然让大量的劳动教育理论课教师感到措手不及。回顾当时的整个网络教学过程,可以发现高校劳动教育理论课网络教学还存在不少问题。

1. 教学理念未根本转变,旧理念与新技术两张皮

劳动教育理论课具有政治性与科学性、知识性与思想性、理论性与实践性、趣味性与情感性等特点。劳动教育理论课教学的目的在于帮助学生树立正确的世界观、人生观和价值观,构建良好的思维能力,保障学生身心健康,从而引导学生沿着正确的道路健康成长。但当前劳动教育理论课网络教学中仍存在着教学理念陈旧、教学设计未针对教学目的和新的教学形式等问题。有的教师简单地认为采用了网络教学的方式就是新理念下的教学方式,授课方式仍以知识灌输为主,没有任何新意,对学生的教育作用也不甚明显。归根结底,教师并未真正更新教育理念,只是利用新的技术手段更新了教学平台而已,旧理念与新技术还是两张皮,未能以适应新技术要求的新理念为指导。因此,教学质量和教学效果不仅未见提高,而且因为失去了现场教学的一些传统优势而使教学质量降低了。特别是疫情得到控制回归传统教学后,一些教师通过检验发现,学生对于理论知识的掌握程度明显不如传统教学,知识断层的情况比较严重。

2. 教学资源非常有限，网络教学的优势无从发挥

劳动教育理论课网络教学需要丰富的教学资料和学习材料来开阔学生的视野，从多方面构建主流价值观。在教学过程中，需要大量生动鲜活的案例和相关拓展材料来辅助学习。因此，网络教学资源丰富与否，对网络教学的质量有着非常重要的影响。当前我国劳动教育理论课网络教学中的一大突出问题就是网络教学资源不足。本来网络教学的优势之一就是可以通过网络汇集海量的教学资源，将资源置于平台之上供学生自主选择。但受当前劳动教育理论课网络课程建设模式、重科研轻教学的教师评价机制、重申报轻建设的实际状况等的影响，不少高校的劳动教育理论课网络课程建设未达到申报的预期建设质量，往往只是搭建了网络平台和课程的基本框架，应该上传到课程平台的网络教学资源严重不足，使得网络教学的资源优势无从发挥。

3. 教学方式单一，缺少多元互动

在网络教学中，部分教师缺乏有效的课堂设计，仍然采用传统课堂中"教师唱独角戏"的模式，即教师占用整堂课的时间来讲解知识，全程与学生互动甚少，学生之间几乎没有互动，导致学生在网络另一端兴趣不高甚至完全溜号，从而将劳动教育理论课网络教学变成了无情无趣、无自主性实践性的课堂，这与劳动教育理论课教学目的严重相悖。网络教学作为线上教学，不同于线下的现场教学，教师难以通过观察学生的抬头率、表情等判断学生听课状况并调整教学方法。因此，如何有效突破网络

教学中师生、生生之间的交流瓶颈,创新教学方法,改进教学模式,增添教学过程中的互动和乐趣,为网络教学注入活力,是当前网络教学中需要解决的主要问题。教师要根据授课内容和课程特点,突破传统教学的时空限制,发挥网络教学的优势,采用科学高效的授课方式实施教学,实现教学方式和教学内容的有效突破。

4. 网络签到有漏洞,课堂监管难度大

传统的现场教学,教师可通过点名、提问、课堂小作业等方式维持课堂秩序,增加与学生的交流互动。另外,传统现场教学的一大优势是,学生的一举一动老师可尽收眼底,教学反馈及时。由线下教学转移到线上网络教学,在一定程度上大大增加了教师管理课堂的难度。网络教学的受限性比较大,师生之间缺乏情感交流,信息的单向输出情况比较多,教师不能实时地有效监督和管理学生。在教学过程中,如果学生自制力差,很容易出现分神、签到早退甚至只签到不听课或者代签到、做与教学无关的事等现象,导致签到率高而实效性差的情况。

5. 现代信息技术运用不熟练,技术能力有待提高

线上网络教学的开展,对于教师和学生掌握现代信息技术的能力和水平提出了更严格的要求。由于许多教师长期习惯于传统的教学模式,上课阵地的突然转移会给他们带来很多的不适应。对于他们而言,无论是在教学观念还是教学方法上都需要有一个长期的、渐进的转变与适应过程。同时,对于信息技术的把握能

力也是一个很大的挑战。同样，对于学生而言，无论是在学习理念还是学习方式上，也要有一个熟悉和习惯的过程。再加上远程教学对于网络信号的要求比较高，许多农村地区尤其是偏远地区的学生就有可能面临没有信号或者信号不稳定的情况。加之师生掌握现代信息技术的能力和水平千差万别，在一定程度上严重影响了教学效果。

（三）实现网络教学实效化的路径

劳动教育理论课作为落实立德树人根本任务的关键课程，在教学目的和教学内容上都有特殊要求。而网络作为一种工具和载体，其作用却有两面性。因此，在开展劳动教育理论课教学网络的过程中，如何借助和发挥网络的积极作用，克服其消极影响，使劳动教育理论课网络教学真正发挥好育人作用，是一个至关重要的问题。为此，需要努力创新劳动教育理论课网络教学实效化的路径。综合一些高校的经验，主要是从教学理念、教学方法、教学技术三个方面进行创新。

1. 创新教学理念

高校劳动教育理论课网络教学实效化的路径创新，摆在首位的是教学理念的创新。教学理念是网络教学创新的灵魂，是指导思想，是逻辑起点，能对劳动教育理论课网络教学路径创新起到高屋建瓴的作用。而教学理念创新中比较重要的就是研究性教学理念与和谐教学理念的融入。

1）研究性教学理念

高校劳动教育理论课的对象是大学生。与高中生相比，大学生已经具有一定的知识基础，具备总结知识、归纳知识的能力。因此，再采取满堂灌的教学方法，既不适合大学生接受知识的心理特点，也不符合他们自主学习的心理意愿。这就要求高校劳动教育理论课教师在教学时要"根据各学段特点，在大中小学设立劳动教育必修课程，系统加强劳动教育"①。在网络教学的情况下，结合课堂教学专题化的要求，将研究性教学理论贯穿其中。

所谓研究性教学理念，其核心就是主导性和主体性相统一，就是要求教师在网络教学中始终扮演引导者的角色，而学生扮演自主学习的角色，在教师的引导下充分参与教学活动，在互动中教学相长。表现在网络教学中，就是以电话会议的方式带动学生积极参与讨论，选择时机请一些同学以某一主题主持讲课，让学生充分参与其中。以研究性教学理念开展网络教学，在调动学生积极性，扩大学生参与教学活动程度等方面，可收到较好的效果。

2）和谐教学理念

大学生的特点之一就是需要更多的尊重，有更强烈的自主人格意识。而传统现场教学的课堂因讲台和座位的空间分布容易造成这种尊重和人格意识不能完全实现，因此，教学效果和学习效果就要大打折扣。然而，在网络教学中，这一矛盾因网络空间结构的开放和平等得到了化解，这就为和谐教学理念在网络教学创

---

① 关于全面加强新时代大中小学劳动教育的意见[N].人民日报，2020-03-27（01）.

新路径中得到实施打开了局面。

和谐教学理念，就是要在网络教学中消除各种阻碍环节，使教学各个组成部分达成一种动态平衡、和谐相处的状态。表现在劳动教育理论课网络教学中，就是利用网络身份的平等性，拉近老师和学生的距离，突破讲台和座位的界限，让每一个教师和学生都成为网络课堂中平等的一员。比如，在使用一些娱乐性比较强的直播软件进行授课时，可以多使用实时沟通的弹幕等功能，在老师授课的同时学生可以同步进行回应与评论，并可以在不打断教师授课进程的情况下，分享观点给全体同学，达到了一种互相启发、级联扩散的教学效果。同时，也可以让教师随时掌握学生接受知识的情况，并及时调整教学节奏、教学内容、教学方法。

2. 创新教学方法

高校劳动教育理论课网络教学实效化的路径创新，第二位的是教学方法的创新。教学方法是劳动教育理论课网络教学创新的桥梁，是指导准则，是现实手段，能对劳动教育理论课网络教学路径创新起到落地生根的作用。结合课堂教学专题化，网络教学方法创新中比较重要的是问题链教学法和大数据反馈法的实施。

1）问题链教学法

高校劳动教育理论课教学效果不太理想，往往是因为学生不能全身心投入课堂。而不能投入的主要原因是学生没有带着问题和关注进入教学过程，因而不知教师之所云，不知自己为何学、所学何物。而问题链教学法能有效改变这一窘迫状况。前面谈"专题化教学改革的重点：实现'三个转变'"时，已举例说明了专题式问题链教学法，这里不再赘述。

2）大数据反馈法

新时代要有新技术，其中一个十分重要的新技术就是移动互联网大数据技术。这种大数据可以统计海量的学生学习过程和学习结果的数据，并做出对应的曲线图和柱状图，还能对每年、每月、每周、每天甚至分时数据进行对比，为高校劳动教育理论课教师留下可供参考的珍贵的教学反馈材料。

在新冠疫情暴发以后，很多高校都使用了学习通平台。教师依托学习通平台的后台数据系统，可收集学生的学习时间、习题完成度、教学视频观看次数和留言情况等诸多数据。根据大数据反馈得到很多线下课堂所不具备的定量分析报告，这些都为以后教研教改提供了第一手宝贵的资料。这种大数据的方法不只是在疫情期间有效，在以后的教学中也可以运用，这就是高校劳动教育理论课网络教学创新路径的新发现。

3. 创新教学技术

高校劳动教育理论课网络教学实效化的路径创新，最后一个方面是教学技术的创新。教学技术是高校劳动教育理论课网络教学创新的现实保障，是物质基础，是软件依托，能对高校劳动教育理论课网络教学路径创新起到全观察、全跟踪的作用。教学技术创新中比较重要的是软件平台创新和教学技能创新的运用。

1）软件平台创新

高校劳动教育理论课网络教学面临如何选择教学软件的问题。各种不同的软件和网络教学平台，有各自的优势和不足，适合不同特点的课程。因此，劳动教育理论课网络教学，应结合不同课程特点选择适合的软件平台。

比如QQ直播，可以展示教师的电脑桌面，利于展示静态画面，有利于查看在线学习学生人数，也可以点名让学生回答问题，但是此软件没有统计功能，没有弹幕，最大的缺点是无法流畅直播教学视频。学习通是一款比较通行的教学软件，在教学软件的使用中有极大的优势，但是仍然有致命的缺点——不能支持特殊时期如疫情期间的几千万人同时在线使用。2020年春季，各学校刚开展网络教学的第一天，全国各地均出现了学习通各种崩溃、断线、进不去、被踢出来的情况。一些教师选择了游戏直播软件——虎牙直播。虎牙直播并不是一款专业的教学软件，本来主打直播王者荣耀、英雄联盟等在线游戏的。庞大的用户群体和娱乐性对软件极高的要求决定了虎牙直播能同时容纳巨量用户在线观看动态视频画面。并且，由于其有丰富的娱乐功能，有弹幕、有虚拟人物形象，其操作界面也适合年轻人口味。因此，在网络拥堵时，选择虎牙直播作为主要的网络直播教学软件，辅之以学习通的签到、测验、讨论、统计功能，偶尔使用QQ直播在小班级范围内讲解一些重要问题，是比较好的选择。

2）教学技能创新

古人云："工欲善其事，必先利其器。"2020年疫情下的网络教学中，许多教师充分体会到了这一点。

劳动教育理论课由于其课程性质的特殊性，不宜完全使用直播方式，最好是使用录播方式，这就涉及教学视频的录制、剪辑等技能。如果教师不善于学习，不能亲自利用相关设备和软件进行教学视频的录制和剪辑，即使网上的网络课程很多，也难以找到完全符合自己教学设计和教学意图的教学视频。

综上所述，无论是新时代的政治要求还是突发疫情的紧迫性，都要求高校劳动教育理论课网络教学在教学理念、教学方法和教学技术方面有所创新。只有这样，劳动教育理论课才能跟上新时代，解释新主题，指引新未来，承担起立德树人的根本任务。

第二节

高校劳动教育理论课教学模式路径创新必须坚持主渠道和主阵地的融合

习近平总书记在 2016 年全国高校思想政治工作会议上指出，高校应聚焦、关注和承担着培养什么人、如何培养人、为谁培养人三大根本问题。做好新时代高校劳动教育理论课教学工作，需要不断加强高校劳动教育理论课教学模式路径创新，坚持主渠道与主阵地的深度融合，切实发挥主渠道与主阵地的作用。高校劳动教育理论课教学模式路径创新主要包括劳动教育理论课教学和日常劳动教育工作，其又分别被称为劳动教育理论课的主渠道和主阵地。劳动教育理论课作为高校劳动教育的主渠道，主要是指通过包括高校劳动教育理论课在内的各种理论课程教学，提高大学生思想道德素养和形塑价值观；日常劳动教育工作作为高校劳动教育的主阵地，主要是由政治辅导员作为教育主体，以校园文化活动为载体，大学生作为教育客体进行的高校劳动教育活动。高校劳动教育理论课教学效果要达到最大化、最优化，必须要坚持知行合一，不断将理论应用于实践中检验，在实践中以高校劳动教育理论课教学模式路径创新为根本，寻求高校劳动教育主渠道和主阵地的深度融合机制和创新策略。

关于高校劳动教育理论课的主渠道和主阵地的关系，目前多集中于研究两者的"协同性"，而对于"融合性"的关注相对较少。余宏亮和王刚重点讨论了日常劳动教育与劳动教育理论课教学之间结合的重要意义，并且从劳动教育理论课考核、专业课程教师与学生工作管理部门的互动和交流情况，讨论大学生劳动教育主渠道和主阵地之间融合的可能性与可行性问题。[①]徐乐乐提出，可以通过劳动教育理论课教师与政治辅导员工作的叠合来完成主渠道与主阵地的相互融合。[②]罗生全和杨柳从政治辅导员自身优势条件出发，提出政治辅导员承担劳动教育理论课教学的可行性与成功性。[③]龙曼莉和刘易国则从高校劳动教育主渠道与主阵地相互融合标准、途径和需要解决的问题角度对主渠道与主阵地相融合进

---

① 余宏亮，王刚. 大学劳动教育简论[J]. 中国教育科学（中英文），2021，4（2）：100-106，30.
② 徐乐乐. 劳动教育是什么[J]. 广西师范大学学报，2021，57（2）：114-122.
③ 罗生全，杨柳. 中国劳动教育发展100年[J]. 西南大学学报：社会科学版，2021，47（4）：129-141.

行了深入的探讨,对两者的相互融合提出相应的思考①。但是,以上研究还有结合现实进行深入探索的空间,将大学生思想政治教育主渠道和主阵地的深度融合,简单理解为其在劳动教育理论课教师和政治辅导员两种岗位之间的工作交替性、任务重复性、目标等同性,更多地停留在问题的表现上,无法完全解决目前实践中凸显的思想政治教育授受者之间"两张皮"、知行不一的困惑。

一、高校劳动教育主渠道和主阵地深度融合的理论逻辑

(一)劳动教育的主渠道

劳动教育理论课作为高校劳动教育的主渠道,是落实立德树人根本任务的关键课程。主要是指通过有系统性、针对性、目的性地对高校大学生进行思想教育、德育教育、历史观培育、社会主义法制教育,帮助大学生树立正确的世界观、人生观、价值观,培养和践行社会主义核心价值观,增强"四个意识"、坚定"四个自信",做到"两个维护",帮助大学生形成正确的马克思主义理论认知,自觉运用马克思主义立场、观点、方法去解决实际问题。随着新时代的到来,面对世界百年未有之大变局、党和国家事业发展全局的变化,思想政治教育主渠道的作用越来越显性化。2004年《中共中央国务院关于进一步加强和改进高校思想政治教育的意见》提出的"培养大学生的劳动观念和职业道德",充分表明劳

---

① 龙曼莉,刘易国. 加强大学生劳动教育略探[J]. 学校党建与思想教育,2021(20):88-89.

动教育理论课需要肩负起主渠道作用,高校劳动教育理论课在高等教育中的责任与担当作用日益重要。2020年中共中央、国务院颁行的《关于全面加强新时代大中小学劳动教育的意见》也强调:"劳动教育是中国特色社会主义教育制度的重要内容,直接决定社会主义建设者和接班人的劳动精神面貌、劳动价值取向和劳动技能水平。"①之后,2020年教育部颁行的《大中小劳动教育指导纲要(试行)》强调:"树立正确的劳动观念""具有必备的劳动能力""培育积极的劳动精神""养成良好的劳动习惯和品质"。②在近年来,高校劳动教育主渠道的外延也在不断拓展,劳动教育的目的和主要任务不仅要在高校劳动教育主渠道的劳动教育理论课中实现,而且需要发挥高校劳动教育理论课与思政课程、课程思政同向同行的配合作用,劳动教育理论课与日常劳动教育工作协调联动与深度融合。

（二）劳动教育的主阵地

2004年,《中共中央国务院关于进一步加强和改进高校思想政治教育的意见》提出"培养大学生的劳动观念和职业道德";2019年,《中共中央国务院关于深化新时代学校思想政治理论课改革创新的若干意见》提出"扎根中国大地办教育,同生产劳动

---

① 中关于全面加强新时代大中小学劳动教育的意见[N]. 人民日报,2020-03-27(01).
② 教育部关于印发《大中小学劳动教育指导纲要(试行)》的通知(教材〔2020〕4号)[J]. 中华人民共和国教育部公报,2020(7):2-11.

和社会实践相结合"。高校劳动教育主阵地的概念得到明确,并一直沿用至今。该教育主体主要指以政治辅导员、学生工作部、校团委等为主,其教育客体主要是当代大学生,教育内容主要是思想引领、学生资助及管理、成长辅助和文化活动。其中思想引领是核心,学生资助是重点,成长辅助是保障,文化活动是补充。旨在通过高校劳动教育理论课教学活动的鲜活力、生机力、灵活力,发挥对当代大学生的浸润教育作用,努力培养德智体美劳全面发展的社会主义建设者和接班人。

随着社会经济环境的不断变化,高校劳动教育面临着诸多机遇和挑战。教育介体和环体的变化,在高校劳动教育主阵地中的效果和影响也越来越受到重视。一是劳动教育环体的复杂化。劳动教育环境,正逐渐面临更为复杂的局面。世界多极化和单边化引发更多不确定因素,西方传统"思想至上"的价值判断正遭遇"东升西落"世界格局变化的颠覆,社会思潮对我国大学生价值判断的影响等,严重影响社会主义核心价值观在"主阵地"的意识形态主导地位,国际思想文化领域方面的斗争形势显得尤为复杂。二是介体的多元化。随着媒介技术的不断向前发展,网络劳动教育、浸润式劳动教育等新媒介手段对劳动教育"主阵地"的赋能也越发重要。这使得高校劳动教育内容和组织的推进面临一些新的危机与挑战。

2020年4月,教育部、中央组织部、中央宣传部、中央政法委、中央网信办、财政部、人力资源社会保障部、共青团中央等联合印发的《教育部等八部门关于加快构建高校思想政治工作体系的意见》在关于"培养什么人"上提出了构建"日常教育体系"的指导思想和目标任务,特别指出了要"深化实践教育、繁荣校园文化、加强网络育人和促进心理健康"几大方面要求。这也让我们意识到新时代日常劳动教育工作的新内涵,即结合大学生的生活日常、学习和交友等情况,发挥党团组织、社团活动、网络思政平台和学校日常管理等载体开展各类日常劳动教育活动。更好地辅助劳动教育理论课向纵深发展,共同为立德树人、培养能够担当民族复兴大任的时代新人接续奋斗。

(三)主阵地与主渠道的辩证关系

正确认识"主渠道"和"主阵地"的辩证统一关系,是最大限度发挥劳动教育效果的保证和关键。

第一,正确把握"主渠道"和"主阵地"是截然不同的两个劳动教育概念。正确认识"主渠道"和"主阵地"的科学内涵,是抓好两者在劳动教育过程中的教育效果的关键。作为"主阵地"的高校劳动教育理论课是培育时代新人的"关键课程",是传播马克思主义理论、强化价值引领和维护国家意识形态宏观安全的主战场。办好劳动教育理论课的关键是"要旗帜鲜明"。这就要求我们牢牢抓住劳动教育理论课程的教育教学,以"理"服人,讲好、讲透、讲活马克思主义为什么"行"、中国共产党为什么"能"、中国特色社会主义为什么"好"三大主题中的理论逻辑。而作为"主阵地"的高校日常劳动教育,作为意识形态教育的前沿阵地,关乎旗帜、关乎道路、关乎国家安全,发挥着重要的主流价值观引领作用。在日常管理过程中,将教育目的化为"润物细无声"的浸润,对当代大学生进行潜移默化的教育引导作用。"主渠道"重理论,"主阵地"偏实践,所以"主渠道"和"主阵地"是截然不同的两个概念。

第二,正确把握"主渠道"和"主阵地"的紧密联系。"主渠道"和"主阵地"发挥着"和而不同"的相互作用。认识这个理论问题,首先要理清的就是两者的育人属性。劳动教育理论课作为"主渠道",其学理深度和难度是毋庸置疑的,更是高校劳动教育的重中之重,是劳动教育的核心。而"主阵地"作为重要辅助,发挥着重要的"第二课堂"作用。但两者的紧密联系,均统一于相同的育人属性上,这使得日常劳动教育可以做到与劳动教育理论课遥相呼应。主要表现为:一是与劳动教育理论课有着相同的立德树人根本任务。二是相同的教育内容,即同样以培养大学生社会主义核心价值观为重要内容。三是相同的奋斗方向,即以培养合格的社会主义建设者和接班人为最终培养目标,有共同的为党育人、为国育才的奋斗方向。

(四)加强"主渠道"和"主阵地"深度融合的客观要求和价值意蕴

我国高校劳动理论教育教学模式路径创新的发展实践逻辑,历来存在"理论与实践相结合"的优良传统和要求。从毛泽东同志的"实事求是",到邓小平同志所要求的"学马列要精,要管用的",都反复提到理论层面的"精"与实践层面的"用"。因为终究批判的理论不能代替物质的批判，物质力量最终也只能靠物质力量去摧毁，但是理论一经群众掌握，就能爆发出强大的物质力量，这就是知行合一的力量，是理论融于实践后赋予的指导性、科学性，这也是马克思主义发展的精髓，也是高校劳动教育理论课教育与思想政治日常教育深度融合的客观要求。

加强高校劳动教育"主渠道"和"主阵地"深度融合，最为重要的价值意蕴是可以发挥劳动教育的加乘作用，将高校劳动教育效果达到最大化。劳动教育因为承载了立德树人的根本任务，引领大学生意识形态的正确走向，故在高等教育中具有非常重要的作用和地位。而在劳动教育中，理论课教育的占有比例较高，因此更为党和国家高度重视。但通过梳理我们发现，在高等教育课程设置和学分设置上，劳动教育理论课相对整体来说占比并不高，这造成劳动教育理论课的"红色教育"极易成为一座"孤岛"。笔者通过长时间的调查走访发现，现今大学生在高校的学习和生活中，其实影响力较大的实际上是思想政治辅导员工作。辅导员通过日常集中教育、走访寝室、走访教室、谈心谈话等形式，作为大学生高校学习和生活中的引路人、问题解决者和知心人等角色，对大学生造成潜移默化的情感作用。除此之外，丰富、活跃、有趣的各类文体活动，在丰富大学生日常生活的同时，又塑造和影响着大学生的价值观和世界观。所以，将"主渠道"劳动教育理论课与"主阵地"日常劳动教育深度融合，容易形成协调联动态势，让学生在理论中体验乐趣，在日常生活中去力行"理论"，使单一思想政治理论教育的使用效果加倍增强。

二、新时代"主渠道"和"主阵地"的融合现状及问题

中国特色社会主义进入新时代,以习近平同志为核心的党中央把高校劳动教育理论课教学模式路径创新工作摆在特别重要位置,作出了一系列重大部署,就加强和改进新形势下高校劳动教育理论课教学模式路径创新工作提出了新要求。其中,进一步增强高校劳动教育理论课教学模式路径创新工作实效性,解决用力不足问题,首要的是需解决高校劳动教育理论课教学与日常劳动教育融合不足的问题。目前关于以思想政治理论教育为"主渠道"与思想政治日常教育为"主阵地"的教育主体双方,关于深度融合的实践探索和理论探索的研究较少,对该问题进行逻辑梳理具有极大的实践价值和理论意义。在调查中,我们发现目前高校劳动教育"主渠道"和"主阵地"的深度融合集中体现了如下现状特征和突出问题。

(一)"主渠道"和"主阵地"的融合现状

劳动教育理论课和日常劳动教育作为目前高校思想政治理论教育最为重要的两条实施路径,在各高校中均承担了较为重要的育人作用。

目前,高校劳动教育理论课作为劳动教育的"主渠道",承担着将理论课程转化为高校课堂教育体系的重要职责,主要以专业教师的课堂教学为主,课程设置组织形式上表现为必修课和选修课;教学内容上以马克思主义世界观与方法论、马克思主义中国

化三大理论成果、中国近现代历史及社会主义劳动教育、道德教育和法制教育为主；教学活动以理论灌输、交流讨论、参观调研、报告讲座等相结合方式开展；教育主体主要以专兼职结合形式构成，包括专职劳动教育理论课教师、专任劳动教育工作干部和辅导员、理论研究单位和实际工作部门的专家学者和领导干部、离退休的哲学社会科学专家学者，以及党政领导干部等。

而作为"主阵地"的日常劳动教育在高校劳动教育理论教育中作用也不可小视。"主阵地"与"主渠道"二者相互依存、相互补充，是辩证统一的，作为劳动教育理论课的补充和辅助，日常教育必不可少。目前国内各大高校的日常劳动教育主要是由高校党委统一领导、党政干部齐抓共管、党委宣传部门牵头协调及相关部门院系共同推进，涵盖宣传思想、党建、心理、网络、资助、组织、管理、服务等形式。除此之外，活动开展主要以校园文化活动、辅导员谈心谈话、学生矛盾解决、心理危机疏导、就业创业指导、资困助学、学生干部培养、党团发展、朋辈教育等形式展开。教育方法较之劳动教育理论课来说更为活跃、灵活，更有感染性。

恩格斯曾经强调："为了进行斗争，我们必须把我们的一切力量拧成一股绳，并使这些力量集中在同一个攻击点上。"[1]高校劳动教育理论课教学的意义就是发挥最大的教育效果，引领社会树立核心价值观，为社会主义建设培养合格建设者和接班人。在实践中，目前各高校也有较多劳动教育理论课和日常劳动教育相结合之处。一是体现在内容上有较多汇通之处。比如，国家关于劳

---

[1] 马克思恩格斯选集：第4卷[M]. 北京：人民出版社，1972：399.

动教育的基本政策方针路线解读等内容,会通过劳动教育理论课集中讲授,日常劳动教育中也会在讲座、报告、主体团日活动等渠道中讲授同类内容;而在劳动教育理论课中讲到的内容也会通过"VR学劳动、讲劳动"等日常劳动教育活动中出现。二是教学方式上相互递补。劳动教育理论课目前各高校均采用室内理论授课的形式开展,这样的教育方式,其优点在于比较集中、系统和有序。而日常劳动教育因为教学方式灵活多样,教育地点和时间不受固定时间、场合的束缚,呈现出生活化特征。两者恰好形成优势互补。三是内容和教学方式有共同的育人目标。不论是"主渠道"还是"主阵地",都是在马克思主义科学指导下,全面贯彻社会主义高校教育方针的意识形态教育,其都指向共同的一处,即用历史唯物主义和辩证法锻造出坚定共产主义信仰的社会主义合格建设者和接班人。这也是探索"主渠道"和"主阵地"深度融合的前提与条件。

(二)"主渠道"和"主阵地"融合实践中存在的问题

1. "主渠道"和"主阵地"主体融合意识欠缺

2020年中共中央、国务院颁行的《关于全面加强新时代大中小学劳动教育的意见》强调要"家庭劳动教育要日常化,学校劳动教育要规范化,社会劳动教育要多样化,形成协同育人格局"[①],这是新时代加强和改进高校劳动教育理论课教学的重大理论创

---

① 关于全面加强新时代大中小学劳动教育的意见[N]. 人民日报,2020-03-27(01).

新。构建同向同行的格局,最重要的就是坚持全员全过程全方位育人,即将立德树人贯穿到"主渠道"和"主阵地"两大重要战场,把思想价值引领贯彻融合到两大战场中。这就要求我们在抓好课堂理论教学的同时,必须整合一切可用力量和资源,发挥教育协调联动作用,搭建第一课堂和第二课堂的工作矩阵,抓实、抓牢劳动教育理论课教学路径创新。

高校劳动教育理论课作为一项系统工程,系统两大要素为劳动教育理论课教学和日常劳动教育。只有建立良好的融合意识,解决协调联动的主体动力问题,才能使两大要素更好地相互配合和协作,促使系统发挥最大的主体价值。但在实践中,劳动教育理论课教学和日常劳动教育两条线分而未合现象突出,两者基本处于相互分离状态。作为"主渠道"的劳动教育理论课教学,主体为劳动教育理论课专业教师,主要涵盖各类理论课程。劳动教育理论课专业教师的工作重心集中在课程教学上,主要研究教学方法、教学效果、理论前沿等方面。而作为"主阵地"的日常劳动教育,主体为辅导员、学生工作部和团委,日常教育以辅导员劳动理论教育、文体活动、资困奖助贷管理等几个部分组成,其中又尤以辅导员工作为教育最前线和重点。在实践过程中,日常教育更多的是围绕大学生的衣食住行开展,注重教育的"浸润"作用。两大"战场"主体在实际教学过程中因为工作性质不同,容易缺乏融合意识,各自负责自己的主体任务。高校劳动教育理论课教师主要负责课堂,以辅导员为主的日常劳动教育管理主体主要负责课外教育,在国内大多数高校劳动教育中两者之间较多呈现"分而行之"的工作路径，较少有沟通、互动，也缺乏反馈、交集，虽然工作目标一致，但工作方向和内容不一致，造成劳动教育理论课教师与从事日常管理学生劳动教育者之间缺少配合和合作意识，导致"两张皮"现象严重。

2."主渠道"和"主阵地"工作评价考核机制和标准不一致

在实际工作中，造成"主渠道"和"主阵地"深度融合力不足的主要原因之一，是两者之间缺乏一致的工作评价考核机制和标准。劳动教育理论课教师职称竞升主要执行专业教师发展路径，注重的是学术科研和教学效果相结合；教学评价主要是专业教师教学评价系统，依靠教务处执行的学生效果测评、教学督导专家听课相结合的形式。以上两方面导向性共同造成高校劳动教育理论课教师的工作重心偏向于科研与教学。而辅导员虽然身兼劳动教育理论专业教师与管理服务人员两大角色，但国内大多数院校给予辅导员的职业发展通道均是行政管理岗。而部分辅导员并不是劳动教育专业出身，也因为在日常行政事务上耗费时间较多，因而很少一部分辅导员能达到转岗为专业劳动教育理论课教师的水平和条件，转回到自己原有专业任劳动教育理论课教师的辅导员数量就更少。同时，对于思想政治辅导员的考评更多是倾向于行政管理类测评，不仅需要学生给予反馈，还需要其他行政部门配合给予评价,这就要求辅导员在日常工作中需要处理多头工作。

两条路线的职业发展路径和考核评价机制的差异，容易导致两者奋斗方向不一致，最终影响两条路线的融合。现实中，专业教师为了自身发展,在平时课堂教学之外,重心集中于科研理论前沿的研究和教学方法的创新;而辅导员、大学工系统的老师们,集中关注日常行政事务,很少关注专业教学。两条路线极少共同开展活动、追逐大学生思想政治理论教育价值的最大化。

3."主渠道"和"主阵地"深度融合方式方法存在短板

关于"主渠道"和"主阵地"的融合,一直以来是实践和理论研究的焦点。但据笔者调研发现,大多数高校更多的是教育内容和教育目标上存在一致,在深度融合的方式方法上存在短板,存在较为严重的"两张皮"现象。很少有高校深耕两条路线的深度融合,造成深度融合方式方法上仍旧有较大的发展空间。目前大多数高校关于坚持全员全过程全方位育人的设想提出已久,但绝大多数在微观落实层面上还有待进一步完善。在实际工作中,如何更好地促进日常劳动教育管理者,如思想政治辅导员、学生工作管理部门、团委等部门从业人员与劳动教育理论课教师之间进行配合、创新的举措也较少。如何在第一课堂中融入第二课堂的教育元素,如何在第二课堂中体现第一课堂的理论高度,一直是"大教育"深度融合中的薄弱之处。

在新时代,媒介技术和网络科技的快速发展使得全球经济一体化、价值多元化、文化多极化发展趋势不断加强,新一代大学生处于全媒体环境中。这样的媒介环境下,西方不良社会思潮、错误意识形态的影响将借助网络传播的虚拟化、快速化、互动化、交替化、泛国际化等特点传播加剧,对大学生的社会主义核心价值观形塑造成极大挑战。在这样的情况下,"主渠道"和"主阵地"

融合方式方法上的短板将造成劳动教育理论的中空地带。如何让作为"主渠道"的理论课堂借由"主阵地"的趣味化增加理论吸引力,如何让作为"主阵地"的第二课堂在"主渠道"赋能下增强教育和管理的理论高度,是教育主体在教育创新过程中必须思考的方式方法创新问题。

三、新时代高校劳动教育教学路径创新的"主渠道"与"主阵地"深度融合机制的创新探索

"哲学家只是用不用的方式解释世界,而问题在于改变世界。"① 这句著名的马克思名言在其辞世后被镌刻在他的墓碑上,成为马克思留给后人的哲学使命。做好新时代的劳动教育工作,不仅要正确认识"主渠道"与"主阵地"的关系,更重要的是要灵活掌握、深度融合两条战线的工作,以求共同为新时代立德树人、培养合格的社会主义建设者与接班人服好务、站好岗。进入新时代,面临着世界百年未有之大变局,面对着危机与挑战,摆在我们面前的重大实践课题是如何借助媒介与科技势能,助力"主渠道"与"主阵地"的深度融合。

(一)牢牢坚持党委领导下的校长负责制,以整体视野构建坚持全员全过程全方位育人格局下的"两主"深度融合

坚持和完善党对高校的领导,体现了我国高校的社会主义本质属性,也体现了正确的办学方向,是必须牢牢坚持并不断向前

---

① 马克思恩格斯文集:第一卷[M]. 北京,人民出版社,2009:506.

完善的坚定之举。"主渠道"和"主阵地"的相互融合，最重要的是要保证方向的正确性，在办学方向上站稳立场。其中最重要的就是要高举马克思主义伟大旗帜，以习近平新时代特色社会主义思想为引领，用当代中国最鲜活的马克思主义劳动观来指引师生，这就确定了在劳动教育理论课教学路径创新实践中坚持以党委领导下的校长负责制的应然和必然性。从整体视野看，就是把劳动教育理论课的"主渠道"平台和日常劳动教育"主阵地"平台进行统一的、有机的结合，从教育目标体系、教育内容体系、教育方法体系、教育路径体系和教育评价反馈体系上进行统筹布局，实现整体式规划，最大限度地融会贯通，以发挥劳动教育一盘棋的坚持全员全过程全方位育人格局和教育整体功能。中华人民共和国成立以来，伴随着国家政治、经济的巨大变化，我国高校领导体制经过校长负责制、党委领导下的校务委员会负责制、以校长负责的校务委员会负责制、校长分工负责制、校长负责与党委领导下校长负责的双线并举以及沿用至今的党委领导下的校长负责制。中国高校领导体制的历史变革，清晰展现出在中国特色社会主义推进历程中我国高校领导体制的演进，这是保证高校正确办学方向，保证劳动教育理论课教学模式路径创新不改向、不打折的关键。

在新时代，互联网科技发展使全球地域界限逐渐消失，劳动教育理论课教学模式路径创新面临着价值多元化、文化多样化、世界多极化的挑战，教育效果极易受到影响。在这样的时代背景下，坚持意识形态的方向性显得尤为重要，它决定着道路和方向。

所以，我们在构建坚持全员全过程全方位育人格局时，在促进"主渠道"和"主阵地"的深度融合过程中，必须牢牢坚持党委领导下的校长负责制，坚持党对全局的把握和领导，保证融合之路的正确性、科学性。第一，就是要发挥党委领导的有力优势，统一制订教学计划、进度和目标。在理论教学计划中按学分或课时，明确课堂理论课时和党团活动的配比，从整体高度设计大学生在校劳动教育理论中的理论课时和实践课时、理论学风和实践学分，最终融合成在校劳动教育理论课总成绩，从而从系统性、保障性高度使"主渠道"和"主阵地"在量上保证融合力度。第二，在党委领导下，依靠行政保证"主渠道"和"主阵地"两块教育主体者之间的交流和沟通。通过制定劳动教育理论课教师和日常劳动教育管理者之间的交流会议、培训会议的定期召开制度，保证劳动教育理论课教师和日常劳动教育管理者之间可以固定化、定期性交流和沟通，从而帮助劳动教育理论课教师更好地接触、了解和把握新时代青年的学习、生活现状和性格特征，也帮助日常劳动教育管理者进一步提升自我理论修养。两者共同发力，有效帮助当代大学生在课堂上学透马克思主体理论，站稳立场，在生活中坚守马克思主义价值取向。

（二）提升"主渠道"和"主阵地"教育主体融合意识，保证深度融合的整体合力

基于两条战线在过去的实践过程中经常分道而行的客观事实，要保证融合整体合力的首要之举，就是提升两条战线的主体

融合意识。

一是改变过去传统认为"工作互不相关"的落后意识。在传统劳动教育实践中,"主阵地"的高校劳动教育理论课教师和"主渠道"的从事劳动教育工作的管理人员,较少有相互配合意识,工作中各自为政,缺乏互动和交叉,这种意识从本质上就是错误的。要达到从实际成效上提升两者的深度融合质量,必须改变传统意识上将"主渠道"简单定义为课堂教育、理论教育的狭隘思想,也必须改变思想政治辅导员等日常教育管理者是"保姆"的错误思想。

二是要坚持内化于心、外化于行的正确思想,正确将"主渠道"和"主阵地"关系理清。"主渠道"是以理论为主的价值观引领,而"主阵地"是以行为涵化为主的价值引领,两者密切结合在教育根本任务一点上。同时,理论教育是以理论逻辑梳理为主提升大学生内在认知的水平,倾向于内化教育;而以辅导员为主的日常劳动教育是在潜移默化中,以活动的趣味性、说理的大众化、制度的强制性等保证大学生价值观和世界观的提升,并最终体现在大学生行为的改变上,偏向于外在行为表现层面。所以,在这样的逻辑下,我们可以清晰地发现,"主渠道"和"主阵地"实则紧密相关。系统完整的劳动教育过程,应该是以理论认知为前提的实践参与和以实践验证为基础的理论学习,彼此之间必修坚持一体化思维,清楚认识到两者之间的密切关系,挖掘优势、补齐短板。

（三）健全高校劳动教育理论课教学模式路径创新的"主渠道"和"主阵地"深度融合的机制建设，保证融合执行力

第一，建立学校各部门协调联动机制，制定相应工作制度，保证"主渠道"和"主阵地"的深度融合。要保证两个战场、两条主线的融合，必须使劳动教育理论课教学与日常劳动教育管理之间不断磨合和配合，必须依靠硬性规定给予"保驾护航"。使"主渠道"和"主阵地"深度融合，需要理论与实践、现实与虚拟、学校与社会、课堂与课外之间广泛融合。在这个过程中，制度融合机制贯穿在整体机制之中，以明确的规范制度和统一原则保证整个体系的融合运行，最大程度地扩大教学部门、学生工作部门、团委、后勤等部门的活动参与度和覆盖面，对相关制度进行系统规划和设计，最终形成具有宏观、系统的制度体系，保证坚持全员全过程全方位育人的格局下劳动教育理论课和日常劳动教育各方协调联动，各方力量、资源、课程都有的放矢，同向同行。

第二，健全队伍融合机制建设，促进教育主体之间的合作和交流。首先，严格按照《中共中央国务院关于全面深化新时代教师队伍建设改革的意见》要求，"加强师德师风建设，增加教师教书育人的责任担当，教师做好'四个相统一'"[1]，先落实教师队伍的自我教育和培训，打造一支责任意识强、育人本领高的劳动教育理论课教师队伍。其次，加强队伍之间的合作

---

[1] 关于全面深化新时代教师队伍建设改革的意见[N]. 人民日报，2018-02-01（01）.

交流，促进专职劳动教育理论课教师与思想政治辅导员、大学学工系统管理人员之间的交流，通过促进融合效果提升育人能力。比如，可以通过促进劳动教育理论课教师向日常管理队伍学习教育方式和方法，增强理论教育的趣味性。可以让新上岗的劳动教育理论课教师，先兼任一年的思想政治辅导员，通过在日常教育阵地一线的实践经历，进一步了解当代青年大学生的思维模式和生活状态，奠定理论教育的受众基础。此外，通过对以辅导员为代表的日常教育者队伍的马克思主义理论专业培训，提高管理队伍的教育形式和学理高度，使日常的教育管理活动打下扎实的理论根基。最后，打通教育主体的双向职称竞升通道。一是给予一定机会和指标，帮助一批专业背景强、职业意愿明晰的思想政治辅导员，进一步提升劳动教育方面的专业学科水平和学术科研能力，便于这部分辅导员向专业教师转岗；二是创造条件使劳动教育理论课教师更好地走出教室、走向学生寝室和活动场地，在党团活动、教育活动中有效提升理论课教师的活动组织、策划和把握能力，促进专业教师将马克思主义相关理论知识向大众化、时代化、生活化转化，将劳动教育教学效果深植学生心中。

　　第三，激发组织融合机制作用。通过组织结构与过程的完善促进劳动教育融合效果的提升。在保证"主渠道"和"主阵地"的融合作用最大化上，必须要重视发挥劳动教育组织融合机制的保障作用。首先，通过激发劳动教育理论课教师组织、日常劳动教育者教学管理组织、学生党团组织、学校服务保障组织等组织机构之间的协调联动作用,从组织与组织之间的活力和动力上,保证高校劳动教育理论最大化融合;其次,通过制定学校—家庭—社会多级组织联动制度,发挥班主任导师制、学生自主服务监督制等制度优势,进一步将家、校、社会联系成一个整体,保证校内劳动教育效果最大化。

第四,将日常劳动教育纳入劳动教育理论课考核体系,保障劳动教育"主渠道"和"主阵地"教育内容机制的一体化,保证深度融合力度有较大提升。促进"主渠道"和"主阵地"的深度融合,一是要保证两条战线所教授的内容一致化、一体化、系统化。虽然"主渠道"倾向于理论授课层面,具有"以文育人"的作用,而"主阵地"倾向于以学生活动浸润学生、以规章制度管理学生、以心理关怀感动学生的"以文化人"的作用,但两条战线的主要方向都是立德树人,都是为了培养社会主义的合格接班人和建设者,所以必须保障两条战线的宏观主题一致化、传授内容的一体化和内容设计宏观上的系统化,做到理论的实践化和实践的理论化,保障融合的深度性。二是要将日常劳动教育内容纳入劳动教育理论课考核体系中,保证对学生思想品德测评的统一性和全面性。在过去,我们对劳动教育理论课的考核主要以闭卷、书面考试为主,这样的考核内容和方式易导致学生"高分低能"等知行不合一状况的出现。劳动教育理论课考评的部分只能代表学生的书面学习情况,但实践中学生的行为目标、能力无法考评。所以,将对学生的日常生活表现的要求计入总成绩考评中,可有效分解理论课笔试要求,帮助学生在认知理解马克思主义相关理论基础上，主动转换为实践探索。比如，可以通过建立学生素质记录档案，这部分工作的开展和记录由学生日常劳动教育管理者来负责，以平时成绩方式记录下学生日常的党团发展表现、志愿者服务情况、专业实习实践情况、道德行为和生活作风等，并计入期末理论课成绩分数；也可以在理论课成绩打分中加入学生之间的互评自评部分，发挥日常教育中的监督、促进作用；还可以发挥大学生朋辈教育的有利优势，以"青春劳动榜样在身边"等表彰形式，发挥学生群体的模范带头作用，形成学优秀、得表彰、促进步的发展机制，鼓励大学生形成和发扬社会主义核心价值观和行为。三是要促进两条战线教育主体的职业发展评价和考核机制的一致性。在旧有实践中，因为职业发展评价和考核机制不一致，思想政治理论教学专业教师和辅导员为主的日常教育管理队伍的工作重心不一致，这是导致两块工作出现"两张皮"现象的根本原因。在实践探索中，我们可在对劳动教育理论课教师除课程教学效果的考核基础上，增加对劳动教育实践教学效果、教育互动效果的评估，使劳动教育理论课教师向日常教育管理队伍贴近；同时，通过对辅导员日常教育、关心关怀基础上，增加对辅导员和学工系统的学术科研能力的考核，增强以辅导员为主的教育队伍与劳动教育理论课教师之间的学习和配合。

（四）提升媒介赋能优势，助力高校劳动教育理论课教学模式路径创新的"主渠道"和"主阵地"的深度融合效能

新时代，高校劳动教育理论课教学模式路径创新遇到了许多

新情况和新挑战，这需要我们结合时事予以教育方式方法创新。目前在校生基本上以"00后"大军为主，硕士生以"95后"为主，他们主要的社交渠道和媒介都是互联网。如何利用媒介融合的科技赋能优势助力网络劳动教育，是新时代背景下高校劳动教育进一步增强"主渠道"和"主阵地"的融合力、活跃度和话语权的关键。

第一，媒介融合赋能"主渠道"和"主阵地"的融合力提升。现在的劳动教育非常重视网络平台的搭建和其对传统线下教育的深度配合。各高校负责劳动教育理论课的排课和教学工作在课程设置之外，各高校还广泛开设公共平台和自媒体公众号，推进线上教学和宣传。另外，思想政治辅导员们主要通过公众账号或私人账号推送新闻，学工各部门主要是通过官网发布新闻。传统的媒介发展环境，导致"主渠道"和"主阵地"之间缺乏沟通，各自的平台之间也缺乏互动，融合度低。进入新时代，国家重点发展媒介融合助力经济发展，我们也可以借助媒介融合发展网络劳动教育。通过提升网络教育平台的交叉融合，使"主渠道"和"主阵地"实现线上较好互动，教育资源完成共享和超链接，实现教育对大学生的浸润作用。

第二，媒介融合赋能"主渠道"和"主阵地"的活跃度提升。传统的劳动教育"主渠道"主要空间集中在理论劳动教育理论课，劳动教育"主阵地"主要集中于辅导员日常集中教育、走教室、走寝室、谈心谈话，以及平时的文体活动等。两条战线的主要工作均以线下为主。而传统的劳动教育主要重说教,容易激发大学生群体的排斥和抗拒。而发挥媒介融合赋能技术,可以大大提升大学生群体的使用接受度,从而提升思想政治理论教育在受众中的活跃程度。比如,现在有部分高校推出的"VR技术说劳动""VR技术上劳动教育理论课"等初体验,就受到学生的一致好评。将"5G+VR全景+一站式VR技术"相结合的媒介融合技术融于思想政治理论教育"主渠道"和"主阵地",使学生身体力行地从劳动教育理论中去感悟建党和建国的真实历程,从劳动教育理论中去体验马克思主义中国化探索历程的伟大、艰辛,从劳动教育理论中真实体会中国特色社会主义伟大实践的巨大成就,从而增强"四个意识",坚定"四个自信",自觉做到"两个维护",将枯燥的理论教育、说教教育变成体感教育、体验教育,有效增强教育的活跃度和接受度。

第三,媒介融合赋能"主渠道"和"主阵地"的话语权提升。传统劳动教育理论课因为枯燥无味,容易引发学生距离感和隔阂感,从而失去话语权,而日常劳动教育因为不断反复、理论不足等问题容易引发学生的厌烦。通过发挥媒介融合赋予高校劳动教育理论课教学模式路径创新的助力作用,开发互联网、手机、手持智能终端等新兴媒体传播渠道对劳动教育的耦合作用,利用4K、5G、AI等技术优势,可以将寡淡无味的简单劳动教育理论说教变成浸润式、趣味式、体感式的生动体验,从而助力劳动教育话语权的有效提升。

第三节

高校劳动教育理论课教学模式路径创新

中国特色社会主义进入新时代以来，围绕立德树人的根本任务，高校思想政治教育逐渐构建起更加合理的坚持全员全过程全方位育人的格局。2020年中共中央、国务院颁行的《关于全面加强新时代大中小学劳动教育的意见》强调："建立协调实施机制""除劳动教育必修课程外，其他课程结合学科、专业特点，有机融入劳动教育内容"。[①]之后，2020年教育部颁行的《大中小劳动教育指导纲要（试行）》强调："专业类课程主要与服务学习、实习实训、科学实验、社会实践、毕业设计等相结合开展各类劳动实践，注重分析相关劳动形态发展趋势，强化劳动品质培养。在公共必修课中，要进一步强化马克思主义劳动观教育、劳动相关法律法规与政策教育。"[②]这表明，全面推进高校劳动教育理论课程与各类课程（包括思政课程）同向同行，将显性教育和隐性教育相统一，形成协同效应，构建"三全育人"大教育格局，为高校劳动教育理论课程与各类课程（包括思政课程）指明了方向，即

---

① 关于全面加强新时代大中小学劳动教育的意见[N]. 人民日报, 2020-03-27（01）.
② 教育部关于印发《大中小学劳动教育指导纲要（试行）》的通知（教材〔2020〕4号）[J]. 中华人民共和国教育部公报, 2020（7）: 2-11.

高校价值塑造、知识传授、能力培养"三位一体"的人才培养目标，其中价值塑造是第一要务。我们认为，劳动教育理论课程与各类课程（包括思政课程）同向同行协同育人是高校劳动教育理论课教学模式路径创新极其重要的方向和路径。

一、劳动教育理论课程与各类课程（包括思政课程）同向同行理念的形成

（一）劳动教育理论课程与各类课程（包括思政课程）同向同行的相关概念

1. 各类课程（包括思政课程）

这里各类课程（包括思政课程）中的"课程"，广义上是所有的非劳动教育理论课程，包括思政课程、通识课程、基础课程、专业课程、活动课程、网络课程等，甚至包括没有具体课程形态的隐性课程。为行文之便，本研究中的各类课程（包括思政课程）聚焦于最具有代表性的各类学科、专业课程。

2. "劳动教育理论课程"与"课程思政"

劳动教育理论课是落实立德树人根本任务的关键课程，是劳动教育工作的主渠道，在劳动教育工作占据重要地位与价值。劳动教育理论课在落实立德树人根本任务与推进劳动教育工作的整体进程中，还需要其他课程的辅助与支持，其中的重要工作就是推进"课程思政"。课程思政不是一门具体的课程，而是一个系统的课程育人体系。2017年12月，教育部印发的《高校思想政治

工作质量提升工程实施纲要》,提出实施课程、科研、实践、文化、网络、心理、管理、服务、资助、组织育人的"十大育人"体系,其中课程育人位居首位。中国人民大学刘建军教授认为,课程育人即课程思政,并对课程思政作了广义与狭义两个范围的界定。广义的课程思政既包括劳动教育理论课的思政,也包括其他课程的思政;狭义的课程思政即劳动教育理论课以外的其他各类课程(包括思政课程)的思政。①由于劳动教育理论课的思政价值与功能是其课程教育教学目的主要内容,因此,目前从狭义上理解课程思政已基本达成共识。

3."思政课程""专业思政"与"学科思政"

2018年6月在新时代全国高等学校本科教育工作会议上,时任教育部部长陈宝生指出:"2018年高校师生思想政治状况滚动调查结果显示,对大学生思想言行和成长影响最大的第一因素是专业课教师。加强课程思政、专业思政十分重要,要提升到中国特色高等教育制度层面来认识。"②这是将专业知识教育同思想政治教育结合起来,以专业化思政,以思政固专业,打造全员全程全方位"三全育人"思政大格局,全面培养德智体美劳全面发展的社会主义建设者和接班人。那么如何定义专业思政?业界学者各执一词、莫衷一是。我们认为,对专业课程进行思政建构,在专业课程教育教学过程中,挖掘专业课程的独特性、针对性,有

---

① 刘建军.课程思政:内涵、特点与路径[J].教育研究,2020(9):28-33.
② 陈宝生.在新时代全国高等学校本科教育工作会议上的讲话[J].中国高等教育,2018(Z3):4-10.

利于促进学生身心健康地成长成才，思想道德水平的提高以及正确世界观、人生观、价值观的形成。如以行业精神培育奉献精神、学习历史文化增强爱国底蕴等。其价值在于辅助、补充、强化劳动教育理论课程的思政功能，其目的在于全面促进思想政治教育"立德树人"根本任务的实现。就"学科思政"而言，学者们对其概念界定不尽相同，大致分为两类：一类从学科融合的角度进行定义，认为"学科思政"是在各个学科的教学中渗透思想政治教育，挖掘各学科的思想政治教育元素；另一类从学科建设的视角认为"学科思政"是搭建以马克思主义理论学科为核心，涵盖哲学、社会学及相关学科在内的马克思主义学科群的过程。"学科是某个相对独立的知识体系，学科思政则是基于这个独立的体系，将思想政治理论融入学科体系建设，并形成协同效应，把立德树人作为指导学生进行知识获取、科学研究、实践探索过程中的根本任务的一种综合教育理念。"①

4. 大教育格局

这是指教育是一个多样的、开放的、综合的大系统，其特点包括时间长（终身教育）、空间广（各类教育）、效率高（智能教育）、质量好（未来教育）、内容多（博才教育）。

5. 同向同行

顾名思义，"同向"指方向一致，"同行"即步调一致。同向

---

① 张峰，王琦，张玲娜，等."课程思政""专业思政""学科思政"的逻辑关系研究——基于中国知网数据的发现[J]. 北京联合大学学报，2021，35(2)：27-32.

是前提条件，同行是目的路径，同向向行即方向、步调、目的、路径合而为一。"劳动教育理论课程与各类课程（包括思政课程）同向同行"的内涵包括以下几个方面。第一，政治方向一致。在十九届中央政治局第六次集体学习中，习近平总书记旗帜鲜明地指出："政治方向是党生存发展第一位的问题，事关党的前途命运和事业兴衰成败。我们所要坚守的政治方向，就是共产主义远大理想和中国特色社会主义共同理想。"①劳动教育理论课程与各类课程（包括思政课程）同向同行即坚持共同的政治方向，以"立德树人、教书育人"为共同理想与根本任务，防止在思想教政治教育方向问题上出现偏离。第二，价值取向一致。"青年的价值取向决定了未来整个社会的价值取向。"②青年学生处在价值观形成和确立时期，积极向上的价值观养成十分重要。各类课程（包括思政课程）和劳动教育理论课程同向同行必须坚持价值导向同向，自觉做好青年学生的价值引领。通过正确、积极的价值引导，让新时代大学生树立坚定的马克思主义信仰，这是时代发展中的价值趋向，这种价值不只在于自我价值，更要树立一种新时代中国特色社会主义价值观，形成一种时代性、世界性、人类性的价值体系。要达成这样一种宏观的价值共识，劳动教育理论课教学模式路径创新首先需要做的就是劳动教育理论课程与各类课程（包括思政课程）在教育教学过程中，坚持理论联系实际，知行合一，

---

① 习近平主持中共中央政治局第六次集体学习并讲话[N]. 人民日报，2018-06-30（01）.
② 常雪梅，程宏毅. 习近平在北京师范大学师生座谈会上的讲话[N]. 人民日报，2018-05-03（02）.

把社会主义核心价值体系与同当代大学生的日常生活、知识学习、专业发展、身心成长的实际需要联系起来，促进学生价值行为的知行合一。第三，协同性一致。劳动教育理论课程与各类课程（包括思政课程）虽然内容、性质、功能各有不同，但二者都拥有"协同"的责任和"育人"的共性。为保障政治方向、价值取向的一致性，高校劳动教育理论课程与各类课程（包括思政课程）确保全校上下拧成一股绳、心往一处想、劲往一处使，相互补充、相互促进，保持一致步调，协同前行。

（二）相关概念之间的关系辨析

无论是专业还是学科，都必须以课程为载体，依托各类课程（包括思政课程）的教育教学，发现、挖掘、创生劳动教育元素，如此才能更好地开展"三全育人"工作，实现"立德树人"的目的。因此，专业课程的"劳动"建构以及学科思政教育理念的发展都是课程思政的重要组成部分，同时也是劳动教育理论课程的重要补充。劳动教育理论课程和思政课程、课程思政之间看似相互联系实则各有不同。劳动教育理论课程主要指学校专门开设的为实现劳动教育目标的一系列课程，在课程内容上主要以马克思主义为指导传播社会主义意识形态，具有鲜明的政治属性。课程思政作为一种新兴的思政教育理念，"是将高校思想政治教育融入课程教学和改革的各环节、各方面，实现立德树人、润物无声"[①]

---

① 高德毅，宗爱东. 课程思政：有效发挥课堂育人主渠道作用的必然选择[J]. 思想政治理论教育导刊，2017（1）：31-34.

同时，思政课程与课程思政"在本质上都隶属于思想教育的范畴，体现为或隐或显的两个方面"①，三者在侧重点、授课内容、育人方式、作用效果等方面均有所区别。首先，劳动教育理论课程重点在于课程，强调各课程之间的相互联系与作用；思政课程与课程思政则重点在于思政，将思想政治教育的相关内容或者不易呈现的内容融入专业、学科课程中，以达到思想政治教育的目的。其次，劳动教育理论课程为显性育人方式，课程思政和思政课程为隐性育人方式，三者在教育教学方法上有所区别。前者以显性灌输为主，旗帜鲜明打根基，后两者以隐性渗透为主，润物无声拓宽度，三者纵横双向打造坚持全员全过程全方位育人格局。以专业思政、学科思政为代表的课程思政和大学生思想政治教育主渠道的劳动教育理论课程是高校价值塑造体系的两大核心，三者相互联系，缺一不可。只有将三者统一起来，才能更好地贯彻全员、全过程、全方位育人的思想。

正如恩格斯所说："思维既要把相互联系的要素联合为一个统一体，同样也把意识的对象分解为他们的要素。"②这很好地解释了劳动教育理论课程与各类课程（包括思政课程）为了共同的育人要素，联合为一个统一体，同向同行知行合一，保持方向、步调、价值取向的一致性。依据教育"立德树人"的根本任务和对人才知识、能力、素质及价值观培养的要求，打破学科专业壁垒，

---

① 巩茹敏, 霍跃. 构建课程思政与思政课程协调效应的新审视[J]. 思想政治教育研究, 2021, 37（1）: 74-78.
② 马克思恩格斯选集: 第3卷[M]. 北京: 人民出版社, 2009: 95.

整合各类课程（包括思政课程）内容，构建思想政治教育课程体系，强化学生所学知识的综合育人效能，以劳动教育理论课程为引领，以专业思政、学科思政为支撑，将价值塑造、知识传授和能力培养融为一体，寓价值观塑造于知识传授和能力培养之中，帮助学生树立正确的世界观、人生观、价值观，落实高校立德树人的根本任务。

（三）劳动教育理论课程与各类课程（包括思政课程）同向同行理念的形成过程

"立德树人，教书育人"是教育事业的主旋律，我们首先需要认识到教书与育人、知识传播与价值引领之间的关系。虽然"劳动教育理论课程与各类课程（包括思政课程）同向同行"理念近年才正式提出，但是我们从理论溯源角度看，在中国传统育人思想中早已有萌芽，只是在不同历史时期的呈现各有特色。

如春秋战国时期，以孔子为代表的儒家思想肯定了道德教育的意义："认为教育的终极目标是为政治、国家服务，认为治理国家不能只靠下令、法律，而要通过教育引导实现德政。"[①] "在道德形成的过程中，孔子的观念与我们今天已经明确了的道德认知、道德信念、道德行为——知、信、行这一顺序基本一致，但以孔子为代表的中国传统教育更强调这三者的统一。"[②] 又如明清时期经世致用的知行观一直是我国历史上明清以来重要的传统德育指

---

① 高贵和. 论当代中国思想道德教育对先秦儒家道德教育的借鉴[D]. 合肥：安徽大学，2010.
② 房公堂. 儒家教育思想提升我们的德育实效[J]. 人民教育，2018（22）：61-62.

导思想，诚如王夫之的"知行相资以用"、王阳明的"知行一体"等。再如民国时期，大教育家蔡元培第一次明确提出"五育并举"方针，体现了以劳育为核心、全面发展的教育理念。同一时期，美国教育家杜威的"教育即生活""教育即社会"以及"从做中学"的教育理论开始盛行，对于当时向西方学习的中国影响很大。杜威的学生，中国教育家陶行知结合中国国情与教育实况，对其教育理念进行了中国化引进，从本体论、场所论及方法论上提出"生活即教育""社会即教育"和"教学做合一"的知行观教育理论。中华人民共和国成立以来，党中央一直高度重视对学生的劳动教育。随着社会的发展、认识也不断深化，劳动教育的提法也经历了多种变革，从初期的"政治与劳动教育""劳动教育工作"到"劳育"和"学科劳动教育"，到"劳动教育理论课"，再到新时代"劳动教育理论课程"以及"劳动教育理论课程与各类课程（包括思政课程）同向同行"理念的提出。下面我们简单回顾新时代以来其发展和形成历程。

党的十八大以来，我国进入了社会主义现代化发展的新时代，劳动教育也在新时代的全新样态中迎来了新的发展契机。2013年，习近平总书记在全国劳动模范代表座谈会上提到："劳动是推动人类社会进步的根本力量。实现我们的奋斗目标，开创我们的美好未来，必须紧紧依靠人民、始终为了人民，必须依靠辛勤劳动、诚实劳动、创造性劳动。"[①]2014年，国务院印发《关于深化

---

① 在同全国劳动模范代表座谈时的讲话[N]. 人民日报，2013-04-29（01）.

考试招生制度改革的实施意见》,其中强调要规范高中学生综合素质评价,把创新精神和实践能力、社会实践等内容纳入学生综合素质档案之中。2015年,教育部、共青团中央、全国少工委印发《关于加强中小学劳动教育的意见》,旨在通过改变部分地区出现的劳动教育"在学校中被弱化,在家庭中被软化,在社会中被淡化,中小学生劳动机会减少、劳动意识缺乏,轻视劳动、不会劳动、不珍惜劳动成果的现象"[①],培养学生良好的劳动习惯和积极的劳动态度,为他们终身发展和人生幸福奠定基础。2017年,国家颁布的《关于深化教育体制机制改革的意见》中提到,要培养学生职业能力,践行知行合一,深入开展劳动教育,以实际行动解决现实问题。

从国家战略方针的高度对劳动教育育人铸魂的重要作用给予肯定,是新时代党和国家优先发展教育的理性自觉,也是劳动教育对自身价值的新诠释。2019年,《中共中央国务院关于深化教育教学改革全面提高义务教育质量的意见》中提到:"要充分发挥劳动综合育人功能,制定劳动教育指导纲要,加强学生生活实践、劳动技术和职业体验教育。"[②]在优化综合实践活动课程结构,确保劳动教育课时的基础上,家庭、学校、社区也要充分创设劳动教育环境,保证学生能够劳动的即时性和教育性;城镇与农村地

---

① 关于加强中小学劳动教育的意见[J]. 基础教育参考,2015(17):79.
② 关于深化教育教学改革全面提供义务教育之类的意见[N]. 人民日报,2019-07-09(01).

区可根据实际情况创建一批劳动教育实验区,创设多元劳动形式,让学生真正养成"热爱劳动,劳动育人"的劳动观、人生观和认识观。2020年,中共中央国务院发布《关于全面加强新时代大中小学劳动教育的意见》,这一涵盖面广、针对性强的劳动教育政策文本,具有里程碑式的社会意义和教育意义。同年7月,教育部印发《大中小学劳动教育指导纲要(试行)》,主要就学校层面劳动教育是什么、教什么、怎么教等问题展开讨论,目的在于加快构建德智体美劳全面培养的教育体系。

总的来说,在政府顶层设计、基层落地推进的基础上,新时代的劳动教育已经进入新的全面发展阶段,新的劳动教育思想逐步确立,劳动教育落实机制不断健全,构建指向人的自由发展和终身教育学习理念的劳动教育现代化的话语体系也逐渐完成,一个旨在融通"有教育的劳动"和"有劳动的教育"理念,包含劳动教育现代化的概念、内容、实施、评价的完整系统也应运而生。至此,中国劳动教育百年发展的历史图示出现于我们眼前,展现了中国教育发展的基本脉络及其相应的文化记忆,而经过百余年风雨洗礼的劳动教育,更是在特殊场景及重要事件的经验沉淀与唤醒之中,不断助益中国特色教育现代化之路。[①]

至此,"各类课程(包括思政课程)同劳动教育理论课程同向同行"的理念为新时代高校劳动教育理论课的改革创新指明了方向,也对高校思想政治教育工作的创新发展提出了更高的要求。

---

① 罗生全,杨柳.中国劳动教育发展100年[J].西南大学学报:社会科学版,2021,47(4):129-141+229.

同时，也成为本研究构建"教学模式路径创新"实施路径的一个重要突破口。

二、劳动教育理论课程与各类课程（包括思政课程）同向同行协同育人的价值意蕴

2020年中共中央、国务院颁行的《关于全面加强新时代大中小学劳动教育的意见》强调："积极探索具有中国特色的劳动教养模式，创新体制机制，注重教育实效，实现知行合一，促进学生形成正确的世界观、人生观、价值观""把准劳动价值取向，引导学生树立正确的劳动观，崇尚劳动、尊重劳动"。①该《意见》还从"统一"的视角说明了劳动教育理论课程与各类课程（包括思政课程）同向同行的价值所在。我们认为，劳动教育理论课程与各类课程（包括思政课程）同向同行协同育人的价值意蕴主要体现在以下两个方面。

（一）"知信行"：知识传授、价值塑造、能力培养"三位一体"育人新理念

"知"是指知识、认知、真知。一方面，劳动教育理论课程与各类课程（包括思政课程）同向同行，各类课程（包括思政课程）提供各类知识，专业教师传授知识，学生习得知识，拓展了学生知识的广度与深度，为向价值塑造与能力培养的转化提供基础；

---

① 关于全面加强新时代大中小学劳动教育的意见[N]. 人民日报，2020-03-27（01）.

另一方面，立德树人要先"立德"再"树人"，对于知识的认知，需要经过思考、提炼，最终追求真知。我们提出劳动教育理论课程与各类课程（包括思政课程）同向同行，首要的就是坚持以马克思主义理论为根本指导思想，对马克思主义"理论与思想输入"的认知作出判断、抉择，结合中国社会实际，最终进行"中国式输出"，这是马克思主义中国化、时代化、大众化的理论体系，具有鲜明的中国特色和时代特征，将其与专业、学科课程相结合，有利于专业、学科课程的哲学升华，并进一步深化对马克思主义理论的"认知"，得出中国实践的"真知"。

"信"是指信念、信仰、信心。习近平总书记在庆祝改革开放40周年大会上指出："信仰、信念、信心，任何时候都至关重要"，强调无论过去、现在还是将来，信仰信念信心都是指引和支撑中国人民站起来、富起来、强起来的强大精神力量，这是个人价值及社会价值的集中体现。因此，对价值观的塑造，是教育更深层的目的与任务，同时也是更持久的教育成就。我国改革开放的启动与深化，是依靠人民以马克思主义的信仰作为精神上的动力，依靠人民对于中国特色社会主义的信念，作为社会主义核心价值观的践行准则，依靠对实现中华民族伟大复兴中国梦的信心，实现了中华人民共和国成立70多年来的富强之路。因此，培养学生的马克思主义的信仰、中国特色社会主义的信念、实现中华民族伟大复兴中国梦的信心成为思想政治教育最高目标与价值追求。

"行"是指行动、践行。"批判的武器当然不能代替武器的批判，物质力量只能用物质力量来摧毁；但是理论一经群众掌握，也会变成物质的力量。理论只要说服人，就能掌握群众。"①如果理论、信仰、精神仅限于存在我们的头脑中，只能陷入唯心主义。从唯物史观考察，精神、意识产生于物质，但没有物质生产的基础作用，意识是断然不能产生的。因此，劳动教育理论课程与各类课程（包括思政课程）同向同行的进程中，除了知识传授、价值塑造外，还要对学生进行实际应用能力的培养，即知而信、信而行，培养新时代大学生将理论真知、信念信仰、价值追求付诸实际行动的能力，由思考者变为执行者，将精神动力化为实际推动力，成为真正的社会主义核心价值观践行者和中国梦的逐梦人。

由此可见，劳动教育理论课程与各类课程（包括思政课程）同向同行协同育人，从知识传授、价值塑造与能力培养——知、信、行三位一体，解决专业教育和劳动教育"两张皮"的问题，抓住高校劳动教育工作的难点痛点堵点所在，是高校劳动教育理论课教学模式路径创新构建的关键一环。

（二）"精准深"：精细、精准、深入贯彻"八个相统一"的育人新方式

习近平总书记2019年3月18日在学校思想政治理论课教师座谈会上对劳动教育理论课教师提出了政治要强、情怀要深、思维要新、视野要广、自律要严、人格要正的"六个要求"，自然地为劳动教育理论课建设提供了"八个相统一"的科学方法论，即坚持政治性和学理性相统一、价值性和知识性相统一、建设性和

---

① 马克思恩格斯选集：第1卷[M]. 北京：人民出版社，1995：9.

批判性相统一、理论性和实践性相统一、统一性和多样性相统一、主导性和主体性相统一、灌输性和启发性相统一、显性教育和隐性教育相统一,为新时代劳动教育理论课的教育教学改革明确了发展方向,指明了劳动教育理论课教师应该怎么做、如何建设代劳动教育理论课等一系列重要问题,在我国劳动教育理论课建设中,乃至整个劳动教育理论课发展史上产生了深远而重大的影响。在此基础上,《高等学校课程思政建设指导纲要》继而提出全面推进高校课程思政建设,使劳动教育理论课程与各类课程(包括思政课程)同向同行,非常具有现实针对性。

第一,精细分类。高校劳动教育理论课教学模式路径创新是一项庞大的教育工程,每一项内容又是博大宽广的。对于这样一个庞大的体系,有大的育人理念,如劳动教育理论课大中小一体化;有大的育人环境,如"大教育"育人格局。如果大而不细,则无从着手。因此,《高等学校课程思政建设指导纲要》对课程思政建设的战略举措、重要任务、重点内容、目标要求、教学体系、专业分类、教师意识能力、质量评价体系等多个层面进行精细化的说明并提出明确要求。针对课程体系进行科学设计,针对不同学校、专业类别,以及不同学科、学位级别的课程体系进行科学、有针对性地设计,并将课程类型分为公共基础、专业教育和实践类课程。结合专业特点分为文学、历史学、哲学类专业课程,经济学、管理学、法学类专业课程,教育学类专业课程,理学、工学类专业课程,农学类专业课程,医学类专业课程,艺术类专业课程七种类别,这是国家宏观整体上对课程思政进行的精细化顶层设计，以便于思想政治教育从大处着想，从细处着手。

第二，精准实施。随着新时代信息化、数字化、网络化等科学技术手段的进步，我们愈来愈步入一个精准的时代，社会精准分工，教育也不例外。精细与精准是相辅相成的，没有细则难言准，但没有准，就没有什么真正的细可言。"天下大事，必作于细。"习近平总书记向来重视精准化做事方法，并多次强调，党员干部要培养精准思维，精准开展工作，养成精准思维习惯。精准思维为解决思想政治教育中的重点、难点，提供了解决思路，开启了精准思政时代。《高等学校课程思政建设指导纲要》为课程思政改革创新发展提供了精细化分类，进而必然要求教育者在推进落实时上升到精准的实施层面，根据思想政治教育内容的精准供给、各类课程（包括思政课程）的精准实施、校内外实践的精准参与等提供的具体指导，进行精准的课堂教学，并且不断酝酿思想政治教育从传统范式向新的范式转换，创建精准思政发展的长效机制。

第三，深入贯彻。劳动教育理论课程与各类课程（包括思政课程）同向同行，对劳动教育理论课建设"八个相统一"的要求同样也适用于课程思政的建设。课程思政建设过程中的"四个相统一"是对习近平总书记提出的劳动教育理论课程建设"八个相统一"要求的具体贯彻和落实。"四个相统一"具体内容如下。一是坚持知识传授和价值引领相统一。在教育教学过程中，知识传授与价值塑造是"教书育人"的两大重点，二者相统一是教育目的的最大实现。课程思政建设就是要把各类专业教育同思想政治教育深度融合，推进价值塑造与知识传授、能力培养一体化进程，形成同向同行的协同育人效应。将思想政治教育、道德品质培育与知识体系教育、能力素质培养统一于劳动教育理论课程与各类课程（包括思政课程）同向同行的过程当中，知识与价值相统一，育才与育人相统一，全面提高人才培养质量。二是坚持显性教育和隐性教育相统一。显性教育彰显旗帜鲜明、理直气壮办好劳动教育理论课的决心，隐性教育体现润物无声、潜移默化的沉浸方式。劳动教育理论课程教学目的明确、计划性强，以显性教育为基本形态和特征，主要以公开、直接的方式进行马克思主义理论教育。但是，在现代社会条件下，劳动教育理论课教学的环境发生了诸多改变，青少年学生思想行为特点和接受知识、信息的途径方式出现许多新变化。简单、明了的显性教育形式表现出一定的局限性，影响劳动教育理论课的实际效果。因此，劳动教育理论课程与各类课程（包括思政课程）同向同行，需要不断改进和创新显性教育方法，同时积极发展隐性教育的途径，使显性教育与隐性教育优势互补，不断增强思想政治教育效能。三是坚持统筹协调和分类指导相统一。统筹协调是一个层级概念，是从宏观的顶层政策设计到中观的制度确立，再到微观的具体实施协调推进的过程。我们要建立包括政策、制度、内容、路径、教学等体系在内的一整套劳动教育理论课程与各类课程（包括思政课程）同向同行的协调育人体系。同时，也要针对不同学科、专业、课程、年级、性别等特点进行强化分类指导，彰显学科、专业特色，体现不同群体学生特征，让不同类、不同质的学生接受精准的思想政治教育资源，不断提高高校思想政治教育水平。四是坚持总结传承和创新探索相统一。传统的教育教学经验在新时代高校思想政治教育中依然宝贵，对好的经验做法进行总结提炼，形成模式，推而广之。同时，如何结合新时代、新形势、新要求，让高校各类课程（包括思政课程）教师与劳动教育理论课教师动起来、课堂活起来，积极进行探索，以创新精品课程、示范讲堂、培育优秀的劳动教育理论课教师为目的，让学生普遍感到，劳动教育理论课鲜活生动，立德树人具体化、生活化，全面促进劳动教育理论课程与各类课程（包括思政课程）同向同行良好氛围和局面的形成，进一步推动新时代高校劳动教育理论课建设的守正与创新。

三、促进劳动教育理论课程与各类课程（包括思政课程）同向同行协同育人的着力点

教育目标再宏伟，教育设计再完美，如果找不准着力点，就是做无用之功，或收效甚微。劳动教育理论课程与各类课程（包括思政课程）同向同行协同育人是一件极为重要的教育大事，关系到高校教育质量的提高、良好教育环境的塑造以及思想政治教育整体效果的提升。因此，找准二者同向同行的着力点是协同育人的首要前提，作者认为二者应从以下五个方面着力，并在此基础上形成有效的策略方法。

（一）大教育层面：立足并完善"大教育"宏观教育格局

全面推进课程思政建设是落实立德树人根本任务的战略举

措，举全国教育之力进行大中小劳动教育理论课一体化构建，及打造全员、全程、全方位"大教育"教育格局，已是国家发展的重要人才战略。高等教育劳动教育理论课程与各类课程（包括思政课程）携手共进，实现两者同向同行协同育人是社会发展需要的必然要求，也是思想政治教育学科自身发展的客观需要。

第一，坚持劳动教育理论课教学和日常劳动教育是高校劳动教育理论课的"主渠道"和"主阵地"的基本作用。习近平总书记讲过，劳动教育理论课的关键在于教师。根据《高等学校课程思政建设指导纲要》的精神，劳动教育理论课程是进课程教材的主渠道和关键课程，集中讲述习近平新时代中国特色社会主义思想，对学生的政治引领和思想教育起着根本作用。

第二，其他各类课程（包括思政课程）是思想政治教育的重要渠道和重要课程。每一门课程都蕴含着丰富的育人基因，每一位教师都应有较好的育人能力，每一个课堂都该负有育人责任，每一位学生都拥有育人需求，只是这些基因、能力、责任与需求在快节奏的社会生活中，被实用性和功利性所遮蔽。学科、专业课程是高校根据学科发展、专业培养目标开设的专门课程，为现思想政治教育的整体目标，就需要结合其他各类课程（包括思政课程），充分开拓其他课程、课堂的作用，按照学科门类分别在专业知识技能学习中，提炼和融入理想信念、爱党爱国、爱社会主义、爱人民，挖掘传统文化、宪法法治、职业精神与道德等思政资源和元素，以这些元素作为切入点或归纳点。各类课程（包括思政课程）在落实"立德树人"根本任务的过程中，互为补充，发挥着不可替代的作用。为了更好地将立德树人根本任务落到实处，各类课程（包括思政课程）同劳动教育理论课程一起肩负起激发和挖掘教师、课堂和学生潜力的责任，更好地开发和优化思想政治教育更多地育人渠道和阵地。

第三，开发劳动教育理论课程与各类课程（包括思政课程）交叉融合的第二课堂，创新发展同向同行渠道与阵地。第二课堂是高校教学体系不可或缺的重要组成部分，被认为是课堂之外的第二大育人载体。第二课堂的形式多样，学校组织的各种实践活动，有教师的辅助教学活动，也有学生依据兴趣爱好自愿组成的学生组织。课堂教学作为课程思政的主渠道，需要第二课堂的配合，补充第一课堂没有完善到的教学与实践内容。因此，第二课堂是创新与开拓劳动教育理论课程与各类课程（包括思政课程）同向同行的重要渠道与阵地。如开展"建党100周年劳模事迹英文朗诵比赛"、设置"专业刊物劳动教育理论课报道专栏"等，以推进第二课堂课程思政实践建设。

开发劳动教育理论课程与各类课程（包括思政课程）交叉融合的第二课堂活动与实践，促进学生"知而后行"，符合教学模式路径创新和"同向同行"教学要求。大学生第二课堂活动之所以被认为是开展课程思政的重要途径和有效方式，首先是因为第二课堂能够将理论用于指导实践。"实践是检验真理的唯一标准。"学生将第一课堂学到的各类文化知识应用于实际，推动知识、能力、价值、思想、观念的深度一致性，促进劳动教育理论性与实践性相统一。其次是因为第二课堂能够释放学生潜力。第一课堂的主要学习方式源于教师对于知识的讲授、技能的展示和价值的传递。但在学生参与度相对较低的第一课堂，学生能在多大程度上接受知识、掌握技能和塑造价值，尤其价值的塑造，学生很难表达，我们也很难量化，唯有为学生提供一个释放、展示与表达的平台和舞台，才能提高思想政治教育水平和成效。

随着高等教育的改革和发展，大学生群体规模不断壮大，青年学生成长成才的渴望进一步增强。在这种形势下，学生社团得到快速发展，呈现出积极、健康的态势，反映出当代大学生朝气蓬勃、积极向上的精神风貌。未来教育的四大支柱是教学生学会认知、学会做事、学会共同生活、学会生存。其中，与人相处、与人合作、与人共同生活，被看作学会生存的重要前提。引导大学生转变以自我为中心的观念，学会与人相处，学会宽容和理解，不仅是高校劳动工作的着力点，更应当成为大学生社团的发展目标和建设宗旨。

由此可见，劳动教育理论课程与各类课程（包括思政课程）同向同行，冲破传统思政教育局限，把思想政治教育的阵地和渠道从劳动教育理论课程拓展到其他各类课程（包括思政课程）领域，将劳动教育理论课程与专业、学科等各类课程（包括思政课程）和各类课堂相结合，共同开发、创建育人立意，结合时代特征，树立坚持全员全过程全方位育人格局，使之为了共同的"立德树人"任务、中国特色的社会主义核心价值观而奋力同行。

（二）劳动教育理论课程层面：充分保障劳动教育理论课程的引领地位

劳动教育理论课程与各类课程（包括思政课程）同向同行，必然涉及"两点论"和"重点论"的关系问题。邓小平同志"两手都要抓，两手都要硬"的思想，指导我们思想政治教育必须依托劳动教育理论课程和各类课程（包括思政课程）两大主要课程渠道开展，这是"两点论"的问题。同时，"重点论"问题我们也不能忽视。当劳动教育理论课程与各类课程（包括思政课程）为"三全育人"改革、"立德树人"根本任务并驾齐驱时，我们需要把握一个重要的原则，即充分保障劳动教育理论课的引领地位不可动摇，让劳动教育理论课真真正正成为一门"金课"。何谓"金课"？高教司吴岩指出："'金课'可以归结为'两性一度'：高阶性、创新性和挑战度。"[①]劳动教育理论课无论是课程目的、课程任务、课程内容还是价值取向，均体现了高阶性、创新性和挑战度。因此，将劳动教育理论课定性为一门"金课"，完全符合"金课"标准。那么它的含"金"量体现在哪里？从哪些方面可以引领其他各类课程（包括思政课程）为劳动教育理论课指明改革发展的方向？

首先，通过提升劳动教育理论课自身的解释力、吸引力和影响力，不断增强劳动教育理论课程本身的价值引领力。劳动教育理论课程以马克思主义理论为主要内容，以传播马克思主义思想、共产主义理想为主要任务。马克思主义是关于人类社会发展的科

---

① 吴岩. 建设中国"金课"[J]. 中国大学教学，2018(12): 4-9.

学理论,具有真理性和价值性,也具有极强的解释力。马克思主义经过时间和空间上的变迁,在中国的大地上扎根,引领我们总结中国革命、建设和改革、发展的经验,生成了中国化的马克思主义。我们始终秉承实事求是、解放思想、与时俱进、求真务实的思想精髓,在新的历史条件下,不断发展、壮大、创新,形成了习近平新时代中国特色社会主义思想。在习近平新时代中国特色社会主义思想的指导下,为落实立德树人根本任务,高校的任务是建设优质的劳动教育课程体系,劳动教育理论课程的任务就是为劳动教育理论课程和课程思政设定教育目标,引领学校劳动教育理论课的正确方向,劳动教育理论课教师的任务就是通过教育教学,将这些具有鲜明中国特色和时代特点的思想、理论转换为价值观、认同感,彰显劳动教育理论课程自身强大的解释力、吸引力,以理论魅力吸引学生,影响学生,引领学生。同时,练就打铁还需本自身硬的本领,构建各类课程(包括思政课程)、各类课堂、各学科、各专业教师的劳动教育理论的意识、能力、课程等体系,使之为共同的育人目标同向同行。

其次,能够积极回应当代社会思潮对马克思主义的挑战,巩固马克思主义理论在意识形态领域的指导地位。思想多元化是当今社会的一个重要特征,也是社会发展充满活力的表现。随着网络时代的全面来临,微时代各种自媒体使得信息的传播更为便捷和迅速,各种社会思潮也随之而来,对马克思主义形成挑战。这就要求劳动教育理论课教师敢于并善于"亮剑",具有回应各种挑战的能力,坚持以马克思主义的立场、方法和观点分析解决问题,在各种思潮中拨开迷雾，捍卫马克思主义的真理性与价值性。

最后，加强劳动教育理论课在制度建设上的引领作用，为思政教育"主阵地"提供关键保障。制度优势是一个国家最大的优势，制度的建设则成为发挥优势作用的首要内容。2019年10月中国共产党第十九届中央委员会第四次全体会议通过的《中共中央关于坚持和完善中国特色社会主义制度推进国家治理体系和治理能力现代化若干重大问题的决定》明确提出我国国家制度和国家治理体系具有13大显著优势，其中，中国共产党的领导是中国特色社会主义制度的最大优势，也是中国特色社会主义最本质的特征，决定着各方面制度的特征和优势。党的领导有利于集中力量办大事，集中力量办大事是我们成就事业的重要法宝。我们如果想要办好思想政治教育这件"大事"，首先要有制度保障。劳动教育理论课是国家统一标准课程，国家制度性政策文件相对比较宏观。如2015年颁布的《全国人民代表大会常务委员会关于修改〈中华人民共和国教育法〉的决定》、2017年颁布的《关于深化教育体制机制改革的意见》、2020年颁布的《关于全面加强新时代大中小学劳动教育的意见》和《大中小劳动教育指导纲要（试行）》、2020年《中共中央关于制定国民经济和社会发展第十四个五年规划和二〇三五年远景目标的建议》，是我们高校劳动教育理论课实践基地建设必须遵循的依据。同时，国家、地方及其教育行政主管部门制定的关于劳动教育理论课社会实践教学基地建设方面的政策，也应成为基地管理和运行的规范，如教育部2020年颁布的《大中小劳动教育指导纲要（试行）》等。

各高校要通过对宏观政策制度层面深入解读、分析，结合各类高校学科、专业、文化等元素，形成相对完整的符合高校自身特色的劳动教育理论课的制度、深层次的劳动教育理论课的模式与文化。制度往往分为法规性制度与岗位性制度，从领导带头、学科决策、课程与教学体系、绩效奖惩等制度建设，融合课程、管理、文化等育人体系，提高制度执行力，使劳动教育理论课程在制度决策、出台、执行等方面引领和保障各类课程（包括思政课程）的劳动教育理论课的方向、步骤。

劳动教育理论课程作为以价值引领为主要任务的课程，应转变单兵作战模式，放在大教育人才培养链中进行，依托马克思主义理论学科专业优势，把立德树人、规范管理的严格要求与春风化雨、润物无声的灵活方式结合起来，在思想价值、师资力量、课程教学、评价机制等多方面起到引领劳动教育理论课程与各类课程（包括思政课程）同向同行协同育人。同时，劳动教育理论课程要主动与各类专业课程的教育实践环节相衔接呼应，起到方向引领的作用。

（三）课程思政层面：深度挖掘各类课程（包括思政课程）的劳动教育元素

专业课程、学科课程等各类课程（包括思政课程）是课程思政建设的基本载体。《高等学校课程思政建设指导纲要》要求："根据不同学科、专业特色和优势，深入研究不同专业的育人目标，尝试挖掘提炼专业知识体系中所蕴含的思想价值和精神内涵……

从课程所涉及专业、学科、行业、国家、国际、文化、历史等角度，增加课程的知识性、人文性、提升引领性、时代性和开放性。"①从教育形式上来讲，要求教育工作者结合不同课程特点、专业特长、学科思维和价值理念，挖掘专业课程的特殊性和思想政治教育一般性相互转化的契机与元素，并将其有机融入课堂教学，隐性育人；从内容供给上来讲，要紧紧围绕政治认同、家国情怀、文化素养、宪法法治意识、职业理想与道德修养等重点，精准优化课程思政内容供给，"对新时代大学生进行系统的中国特色社会主义和中国梦教育、社会主义核心价值观教育、法治教育、劳动教育、心理健康教育、中华优秀传统文化教育"②，同时还要围绕坚定学生理想信念，以爱党、爱国、爱社会主义、爱人民、爱集体为主线，围绕政治认同、家国情怀、文化修养、宪法法治意识、道德修养等重点内容优化课程思政内容供给，明确了课程思政五个方面的主要内容。③从以上五个方面的内容增强学生的认同感，坚定"四个自信"。引导学生把事业理想和道德追求融入国家发展与建设，教导学生深刻理解中华优秀传统文化的思想精华和时代价值，完善道德品质，培育理想人格，深化对法治理念、法治原则、重要法律概念的认知，提高运用法治思维和法治方式维护自

---

① 教育部印发纲要加强高校课程思政建设[J]. 中国农业教育，2020（3）：1-23.
② 教育部印发纲要加强高校课程思政建设[J]. 中国农业教育，2020（3）：1-23.
③ 教育部印发纲要加强高校课程思政建设[J]. 中国农业教育，2020（3）：1-23.

身权利、参与社会公共事务、化解矛盾纠纷的意识和能力；促进学生了解国家发展战略和行业需求，增强职业责任感，使学生更加准确地理解并自觉践行各行业的职业精神和职业规范。

各类课程（包括思政课程）劳动元素、内容的挖掘需深度融合习近平新时代中国特色社会主义思想，使之"三进"，即进教材、进课堂、进头脑，并内化为精神追求、外化为自觉行动，二者同向同行，知行合一。在这一过程中，需要特别注意以下两点。

第一，方向上旗帜鲜明"教书"，方法上润物无声"育人"。各类课程（包括思政课程）挖掘劳动教育元素，不可只停留在块状地"挖掘"和机械地"堆砌"素材上，不可孤立某一课程、某一节课，而要和课程思政人才培养总目标、各类课程（包括思政课程）人才培养的具体目标相联系。劳动教育元素应与专业知识交织交融、相辅相成，在保证专业教学水准的前提下，自然无声地融入劳动元素，使价值塑造内生为课程教学中有机的、不可或缺的组成部分，起到拨动心弦、引起共鸣的作用，从而避免"两张皮"现象，达到润物细无声的效果，相互促进、相得益彰。

第二，减少"供需差异"，实现"供需平衡"。提到供给，必然想到需求。"供求差异"指学校、教师供给的教学内容并非学生真正所需，教师费力授课，学生用心走神，师生思想分离，教师的成就感、学生的获得感会大打折扣。我们须本着"以人民为中心"的思想，努力创建"以学生为中心，以学生需求为导向"的劳动教育理论课供给原则，实现各类课程（包括思政课程）劳动教育元素的精准供给，并达到"供需平衡"的状态。

（四）教师层面：提高各类课程（包括思政课程）教师的劳动教育意识及能力

教师是教育的关键因素，"培养什么人"是教育问题的根本之问，对于这个问题的思考，会引申出另一个问题，即"什么人来培养"的问题。教师既是课程的实践者，也是学生的引路人。只有老师自己有相关意识与能力，才能做好学生的引导与示范工作。课程思政不是一门课程，而是一种新的劳动教育理念。要认同劳动教育理论课程与各类课程（包括思政课程）同向同行协同育人的理念，首先需要扭转传统思想政治教育观念，即认为劳动教育仅仅是劳动教育理论课的责任的观念，才能在思想深处真正认识到课程思政的必要性与价值性，才能真正接受各类课程（包括思政课程）需要与劳动教育理论课程同向同行的新理念新要求，进而在课程的教育教学过程中进行探索和实践。

意识是哲学和心理学的基本概念之一。从心理学角度上分析，意识具有以下三个基本特点：自觉性，能动性，社会制约性。[①]以此为据，劳动意识即对劳动教育在理念认知上具有自觉性，在策略方法上具有能动性，在价值取向上具有一定社会制约性。教育学告诉我们，能力是指"顺利完成某种活动所需的个性心理特征，有一般能力和特殊能力之分。前者适于多种活动要求，后者适于

---

① 顾明远.教育大辞典：简编本[M].上海：上海教育出版社，1999.577.

某种专业活动要求"①。这个定义有几点值得注意：一是"顺利完成"，说明要有能够完成某项任务的能力；二是"个性"，说明不可千篇一律，具有再造和创造性；三是"一般能力和特殊能力"及其对应的"专业活动"，有助于我们说明和理解各类课程（包括思政课程）的劳动教育问题。各类课程（包括思政课程）均拥有各自独特的学科性、专业性，需要特殊的学科、专业能力，同时也需要教育赋予的一般育人能力，这也是"教书育人""课程育人"的基本要求。

随着社会发展变革速度的加快，人们的思想意识、竞争意识、效率意识、创新意识、个体意识等都较以往显著增强。意识增强，必然要求能力有所提升。传统劳动教育普遍注重其国家功能、社会功能、政治功能等，传统劳动教育观念与意识已经无法适应当前国家、社会及个人发展的需要。要做好劳动教育，首先要在观念意识上做到与时俱进，跟进最新形势，在"以人为本""以人民为中心"思想的指导下，更加注重将劳动教育的国家、社会、政治功能及个人功能的有机结合，将个人同国家、社会、政治、文化等更加紧密地联系在一起。其次，在劳动教育能力上做到有意识地提高，有计划地培养，有目的地实践。于高校而言，育人体系的每一部分都需要相应能力的提升，尤其是在课程育人和课堂育人的能力方面。教师是立教之本、兴教之源。坚持教育者先受教育，提升立德树人成效，承担起培养担当民族复兴大任的时代

---

① 顾明远. 教育大辞典：简编本[M]. 上海：上海教育出版社，1999.341.

新人的重任。教师自身的学习是做好劳动教育不可或缺的一环。无论劳动教育理论课程的教师，还是各类课程（包括思政课程）的教师，均需从单纯教学能力向育德和育人能力升华。而各类课程（包括思政课程）教师在自身求学阶段并没有接受过这方面的专业训练，或者没有意识到自己受过这方面的教育。因此，教师们有必要接受价值育人方面的专项培训，提高其自身思想政治素养，以及进行劳动教育的能力，主动、积极、创造性地将劳动教育融入各类课程（包括思政课程）与课堂教学之中。从劳动教育理论课程的角度看，在各类课程（包括思政课程）中持续地将学生在劳动教育理论课程中学到的一般性原理加以补充、强化和应用，有利于提高劳动教育的实效性；从各类课程（包括思政课程）的角度看，通过课程思政帮助学生树立正确的世界观、人生观和价值观，深刻认识到实际问题背后的哲学或人文社会科学原理，有助于增强专业课学习的原动力，提高课程教学的理论性、价值性、思想性、人文性，丰富课程内涵。

因此，转变劳动教育观念，认同课程思政理念，需要从提高各类课程（包括思政课程）专业意识、学科意识、课程思政意识入手。先提升个体的育德意识，再形成教师群体的育德意识，进而提升思想政治教育的育德能力，加强专业、学科与思政教育协同育人能力，促进思想理论、知识技能向实践能力的转化，为劳动教育理论课程与各类课程（包括思政课程）同向同行打牢坚实的育人基础，最终达成"知行合一"的育人效能。

（五）同向同行层面：凝聚劳动教育理论课程与各类课程（包括思政课程）协同育人合力

我们可以简单地理解：协同即某领域内或跨领域间的合作。合作需要合作的力量，即合力。在《路德维希·费尔巴哈和德国古典哲学的终结》中，恩格斯这样论述历史发展："无论历史的结局如何，人们总是通过每一个人追求他自己的、自觉预期的目的来创造他们的历史，而这许多按不同方向活动的愿望及其对外部世界的各种各样的合力，就是历史。"①恩格斯在此异常鲜明地指出人类历史发展是由不同个人的意志、愿望形成的各种合力推动前进的。思想政治教育亦需汇集各种合力，才能达到预期的育人目的。联邦德国物理学家赫尔曼·哈肯(Harken.H)创立协同学理论，他在著作中论述道："协同学即'协调合作之学'""协同或协同作用，是协同学最基本概念。一个由许多子系统构成的系统，如果在子系统之间互相配合，产生协同作用和合作效应。"②协同理论源于物理学领域，广泛应用于自然科学，同时也不断开辟新的应用领域，如经济学、化学、生物学、生理学、社会学、管理学等，逐渐形成自己的跨学科研究框架。文献显示，大概从2005年开始，在我国开始将协同理论同教育教学理论相结合，开始探讨教育教学过程中各因素相互协同、协调与协作。中国特色社会主义进入新时代以来，劳动教育理论课本作为一个系统，也同协

---

① 马克思恩格斯文集：第四卷[M]．北京：人民出版社，2009：302．
② [德]赫尔曼·哈肯（Harken.H）．协同学——大自然的秘密[M]．凌复华，译．上海：上海世纪出版集团，2005：1．

同理论结合起来，形成各种研究氛围，如协同视域下高校思想政治工作育人研究，高校辅导员与专业教师协同育人，党建与劳动教育协同育人，以及现在比较热的专业课程、课程思政与劳动教育理论课程协同育人等，这些为劳动教育理论课教学中出现的复杂问题提供新的解决思路。

谈到协同，就必须论及分工。协同让方向明确，分工则会职责分明。只有分工明确、各司其职的协同，才能多元有序地达到同向同行的目的。首先，各类课程（包括思政课程）教师的劳动教育意识和能力有待提升，需要劳动教育理论课教师的大力协助，给予劳动教育理论课程与各类课程（包括思政课程）教学改革思路、目标、评价等多方面的指导与共同探讨，包括对案例选择的合目的性、合规律性等方面的把握。其次，各类课程（包括思政课程）教师有责任加强与劳动教育理论课程同向同行的意识、内容、方法、技巧等方面的创新发展，以凸显不同专业、课程的独到之处，促进劳动教育、思想政治教育相结合。

新时代高校劳动教育理论课教学模式，是知与行的协同，是理论与实践的协同。促进劳动教育理论课程与各类课程（包括思政课程）同向同行协同育人需要合力。高校劳动教育、劳动教育工作从来就不是劳动教育理论课一己之责、一己之力可以完成的，而是一项多元性主体参与、多样性资源挖掘和多态性实践活动的系统工程。它不仅需要党团干部、辅导员、班主任、服务管理人员等各方力量的协同共进，更需要发挥劳动教育理论课在大学生成长成熟中的主渠道作用,深度挖掘各类课程(包括思政课程)的劳动教育元素,做到与劳动教育理论课同向同行,让劳动教育理论课程工作者与各类课程(包括思政课程)工作者共同努力,形成育人合力,着力构建既符合知识体系规律,又体现劳动教育目的与价值,即达成合规律性、合目的性与合价值性于一体的"同向同行协同育人效应"体制机制,培育大学生的社会主义核心价值观,为实现中华民族伟大复兴的中国梦凝聚力量。

第五章

结 论

综上所述，本书的初衷是考量处于新时代的高校劳动教育理论课教学模式怎样借助路径创新提高成效。要回答这个问题，定然要结合高校劳动教育理论课教学模式路径创新的现实形势展开梳理与剖析，尤其是对高校劳动教育理论课教学模式路径创新的受教育主体特性的认知和理解是否到位、审定与考核是否精准。新时代新征程，我们面临世界格局、全球变局、国家大局发展的实际，大学生信仰追求、为人处世和生活理念等均发生变化，大部分人都觉得高校劳动教育理论课教学模式路径创新与客观实际联系不紧密、取得的成效不足，难以真正达成高校劳动教育理论课教学模式路径创新的既定要求。伴随着对这个问题的进一步探讨，作者认为新时代高校劳动教育理论课教学模式路径创新不足是其根本原因。换句话说，教学模式路径创新是高校劳动教育理论课取得成效的重中之重。由此，本书对涉及高校劳动教育理论课教学模式路径创新的众多方面展开了详尽而全方位的梳理、分析和讨论。

1. 高校劳动教育理论课教学模式路径创新是引发和决定教育教学成效的动因和要素，高校劳动教育理论课教学模式路径创新刻不容缓

本书在对我国各个时期（即萌发时期、成长与发展时期和成熟时期）的高校劳动教育理论课教学模式路径创新的内涵、特点和成就展开了系统的总结和思考，强调高校劳动教育理论课教学模式路径创新历经革命时期表现为履职尽责的宣传动员创新，社

会主义建设时期表现为兴利除弊的理性认知创新，十年"文化大革命"时期表现为创新的停滞，改革开放时期表现为灌输式、管理式和服务式创新，新时代表现为综合式创新。当然，如今高校劳动教育理论课教学模式路径创新尽管之前取得了巨大的成就，然而依然无法满足新时代新征程的要求，表现出思维过时、宗旨意识单薄、举措失当等问题。

2. 高校劳动教育理论课教学模式路径创新的动因源于教育理论创新还不够现代化、教育目标创新还不够多元化、教育保障创新还不够常态化、教育流程创新还不够科学化、教育环境创新还不够常态化，以及教学评价创新还不够专业化

本书强调高校劳动教育理论课教学模式路径创新具有新时代意义，面临着学生言行举止与理想信念发生变迁、时代变革引发大学角色调整、高校劳动教育理论课教学模式路径创新难有实效的困境。新时代对高校劳动教育理论课教学模式路径创新提出了新要求。同时，本书强调高校劳动教育理论课教学模式路径创新应秉承理性方法与感性方法相融合、考察现象与深入本质的融合、全球化与优秀传统文化相融合、统一性与多维性相融合、主体性与实效性相融合。

3. 高校劳动教育理论课教学模式路径创新并非单向的，需要多元多维多样多方的共同发力

本书强调高校劳动教育理论课教学模式路径创新应该多元多维多样多方共同发力，聚焦于打造教育和教学目标遴选、宗旨与

要求创新、举措与手段创新、发展进程创新和审视与考评体系创新的"一体两翼三化"路径创新体系。劳动教育理论课"一体两翼三化"立体教学格局,就是以课堂教学为主体,以实践教学和网络教学为两翼,践行课堂教学专题化、实践教学多样化、网络教学实效化的劳动教育理论课教学格局。通过立体化教学格局综合效用的发挥,大学生对劳动教育理论课爱听爱学、听懂学会,真学、真懂、真信、真用。这是在新时代的历史方位中,探索高校劳动教育理论课教学模式路径创新,构建重点突出、贴近实际的教学体系,着力提升劳动教育理论课的亲和力感染力,增强劳动教育理论课针对性实效性的重要路径。

尽管本书在高校劳动教育理论课教学模式路径创新展开了深入的研究,取得了一定的实绩,尤其本书还提出了全新的"一体两翼三化"的高校劳动教育理论课教学模式路径创新体系,既深入剖析和阐释了其深刻的内涵、要素和举措等,又从其特色鲜明的作用与意义着眼,探讨了"一体两翼三化"的高校劳动教育理论课教学模式路径创新体系所具有的重大意义,然而鉴于个人能力不足、水平有限,最后的成果还是有一定的局限性,如对"一体两翼三化"的高校劳动教育理论课教学模式路径创新体系中的各要素之间的联系和差异剖析还不够深入、到位,后续将融入多元多维多样的研究方法,丰富和拓展高校劳动教育理论课教学模式路径创新。

参考文献

一、著作

[1] 马克思恩格斯. 马克思恩格斯全集：第42卷[M]. 北京：人民出版社，1995.

[2] 马克思恩格斯. 马克思恩格斯全集：第42卷[M]. 北京：人民出版社，1979.

[3] 马克思恩格斯. 马克思恩格斯选集：第1卷[M]. 北京：人民出版社，1972.

[4] 马克思恩格斯. 马克思恩格斯选集：第1卷[M]. 北京：人民出版社，1995.

[5] 毛泽东选集：第四卷[M]. 北京：人民出版社，1991.

[6] 毛泽东文集：第七卷[M]. 北京：人民出版社，1999.

[7] 邓小平文选：第三卷[M]. 北京：人民出版社，2001.

[8] 习近平谈治国理政：第三卷[M]. 北京：外文出版社，2020.

[9] 中共中央党史研究室. 中国共产党历史：第1卷（上册）[M]. 北京：中共党史出版社，2011.

[10] 中共中央文献研究室. 十五大以来重要文献选编：中[M]. 北京：人民出版社，2000.

[11] 中共中央文献研究室编. 新中国成立以来重要文献选编：第六册[M]. 北京：中央文献出版社，1993.

[12] 中共中央文献研究室编.新中国成立以来重要文献选编:第一册[M].北京:中央文献出版社,1992.

[13] 中国社会科学院现代史研究室,中国革命博物馆."一大"前后:中国共产党第一次全国代表大会前后资料选编:一[M].北京:人民出版社,1980.

[14] [宋]程颢,程颐.二程遗书[M].上海:上海古籍出版社,2000年.

[15] [明]王守仁.王阳明全集:下[M].吴光,等,编校.上海:上海古籍出版社,2017.

[16] [明]王夫之.船山全书[M].长沙:岳麓书社,2011.

[17] 骆郁廷.思想政治教育原理与方法[M].北京:北京师范大学出版社,2019.

[18] 佘双好.思想政治理论课程教学法探析[M].北京:中国人民大学出版社,2018.

[19] 董前程.高校思想政治教育路径创新改革研究[M].北京:中国社会科学出版社,2018.

[20] 王学俭.思想政治教育理论与实践问题的研究视角[M].北京:中国人民大学出版社,2017.

[21] 陈戌国.四书五经:上[M].长沙:岳麓书社,2014.

[22] [美]BMCC JOYCC,MARSHAWELL,EMILYCALHOUN.教学模式:第七版[M].北京:中国轻工业出版社,2013.

[23] 肖振鸣.鲁迅读人[M].桂林:漓江出版社,2013.

[24] 李景源自选集[M].北京:学习出版社,2013.

[25] 高亨.墨经校诠[M].北京:清华大学出版社,2011.

[26] 刘国新，贺耀敏，刘晓，等.中华人民共和国史长编：第9卷大事记卷2[M].天津：天津出版社，2010.

[27] 钟志贤.大学教学模式更新：教学设计视域[M].北京：教育科学出版社，2008.

[28] 安小兰.中华经典藏书——荀子[M].北京：中华书局，2007.

[29] [美]戴维·迈尔斯．社会心理学［M］.张志勇，乐国安，侯玉波，等，译.北京：人民邮电出版社，2006.

[30] 张岱年.中国哲学大纲[M].上海：上海三联书店，2005.

[31] 现代汉语词典：2002年增补本[M].北京：外语教学与研究出版社，2002.

[32] 张媛，蔡明.教学方法研究[M].开封：河南大学出版社，2001.

[33] 肖前.马克思主义哲学原理：下册[M].北京：中国人民大学出版社，1994.

[34] Longman Group (Far East) Ltd.English-Chinese Dictionary of Contemporary English[M]. Hong Kong: Longman Group (Far East) Ltd, 1988.

[35] 顾明远.教育大辞典：增订合编本（上）[Z].上海：上海教育出版社，1998.

[36] 吴也显.教学论新编[M].北京：教育科学出版社，1991.

[37] 中国大百科全书:教育[Z].北京:中国大百科全书出版社,1985.

[38] 王策三.教学论稿[M].北京：人民教育出版社，1985.

[39] PAUL KUPSER. Arbeitslehre Zwischen Anspruch und Wirklichkeit[M]. Bad Heilbrunn: Julius Klinkhardt, 1986.

[40] BRUCE JOYCE, MARSHA WEIL. Models of Teaching (First Edition)[M]. New Jersey：Prentice-Hall，1972.

二、期刊

[1] 吴潜涛,姜苏容.坚持价值性和知识性相统一推动思想政治理论课改革创新[J].思想理论教育导刊,2021(7).

[2] 蔡文成,张艳艳.高校思想政治教育路径创新实践教学的逻辑关系辨析[J].思想理论教育,2021(7).

[3] 李明,王一鸣,吴双.硕士研究生思想政治理论课模块化—专题性—交互式教学模式的构建[J].现代教育管理,2021(7).

[4] 张熙,袁玉芝,李海波.劳动教育的国际经验及其启示[J].教学与管理,2019(4).

[5] 李奕欣,戴钢书.行动视域下高校思政课教学新探[J].学校党建与思想教育,2021(7).

[6] 姚永明,柳玉婷.高校思想政治教育路径创新教学"四态微改革"探析[J].江苏高教,2021(6).

[7] 骆郁廷.论日常思想政治教育的作用机理[J].江海学刊,2021(3).

[8] 荆潇,郑林芝.知行合一:新时代大学生责任感培育的基本原则[J].学校党建与思想教育,2021(2).

[9] 杨艳丽.虚拟实践融入高校思想政治教育路径创新实践教学的研究与探索[J].思想政治教育研究,2021,37(2).

[10] 董前程.高校思想政治教育路径创新嵌入式实践教学的路径选择[J].教育理论与实践,2021,41(3).

[11] 于泽元,邱德峰.自我统整的高校教师师德养成原理与实践路径[J].湖南师范大学教育科学学报,2021,20(2).

[12] 张瑜,金哲.指向深度融合的思想政治理论课混合教学模式探索——以"思想道德修养与法律基础"课程为例[J].思想教育研究,2020(12).

[13] 阚亚薇.高校思想政治教育路径创新实践教学思考——评《高校思想政治教育路径创新实践教学指导》[J].高教探索,2020(4).

[14] 董杰.高校思想政治教育路径创新嵌入式实践教学的路径选择[J].学校党建与思想教育,2020(17).

[15] 邹群霞,张传燧,张菁.教学过程研究的过去、现在与未来[J].中国教育科学,2020,3(3).

[16] 孙中艮,熊雄.基于构成要素耦合的本科课堂教学质量研究[J].江苏高教,2020(2).

[17] 邹宏秋.高品质思想政治理论课的辩证逻辑与实践路径[J].思想理论教育导刊,2020(1).

[18] 魏善春.当代课堂教学变革:一种过程哲学的审思[J].现代教育管理,2019(12).

[19] 李红,杨红萍.教师教学价值取向的特征分析与要素构成[J].教育理论与实践,2019,39(31).

[20] 刘学坤.论思想政治教育学科发展的评价机制与标准[J].湖北社会科学,2019(11).

[21] 汤志华,廖青清.新时代高校思想政治教育路径创新实践教学创新研究[J].思想理论教育导刊,2019(11).

[22] 罗来松,王丽明.大高校思想政治教育"主阵地"发展策略研究[J].黑龙江高教研究,2019,37(10).

[23] 陈潜. 协同增效：创业文化融入高校思想政治教育路径创新实践教学的价值耦合与路径选择[J]. 思想理论教育导刊, 2019（10）.

[24] 梁铭. 论加强大高校思想政治教育知行结合的四个路向[J]. 学校党建与思想教育, 2019（8）.

[25] 樊伟. 学思践悟办好思想政治理论课[J]. 中国高等教育, 2019（7）.

[26] 袁占亭. 新时代思想政治理论课建设应发挥聚合效应[J]. 中国高等教育, 2019（7）.

[27] 马兵. 高校思想政治教育路径创新实践教学竞赛化机制的理论与运作[J]. 学校党建与思想教育, 2019（14）.

[28] 吴阳松, 陈金莲. 高校思想政治教育路径创新教学要有意思更要有意义[J]. 思想政治教育研究, 2019, 35（6）.

[29] 康沛竹, 艾四林. 思政课改革创新的"八个相统一"[J]. 人民论坛, 2019（13）.

[30] 沈壮海, 董祥宾. 论新时代思想政治理论课的改革创新[J]. 思想理论教育, 2019（5）.

[31] 刘悦笛. "大启蒙"视野下的五四新文化运动——以陈独秀的"五四观"为反思对象[J]. 山东大学学报：哲学社会科学版, 2019（5）.

[32] 冯刚, 张欣. 深刻把握思想政治理论课理论性与实践性相统一的价值意蕴[J]. 新疆师范大学学报:哲学社会科学版, 2019（5）.

[33] 曾平，梁满艳. 新时代高校思想政治教育"主渠道"和"主阵地"协同育人机制研究[J]. 现代教育科学，2019（5）.

[34] 龙宝新. 走向"Repack"：教学过程的经验论视角[J]. 湖南师范大学教育科学学报，2019（5）.

[35] 王学俭，许斯诺. "理直气壮开好思政课"的战略意义、力量来源、基本要求和实践举措[J]. 新疆师范大学学报：哲学社会科学版，2019，40（4）.

[36] 张彦. 新时代高校思想政治教育路径创新实践教学的三大追问[J]. 思想政治教育研究，2019，35（3）.

[37] 周海春，韩晓龙. 论王阳明高校思想政治教育路径创新的立言宗旨[J]. 湖北大学学报，2019（3）.

[38] 袁金祥. 新时期高校思想政治教育路径创新实践教学的改革与创新[J]. 中国高等教育，2019（3）.

[39] 陈艳飞，张润枝. 从理念到方法：思想政治理论课教学中的学生指向再思考[J]. 湖北社会科学，2018（12）.

[40] 曾令辉，石丽琴. 新媒体环境下，高校思想政治教育路径创新33制教学模式构建与实施[J]. 思想理论教育导刊，2018（11）.

[41] 蒋晓俊，焦艳. 推动新时代高校思想政治教育实践育人，创新发展新时代高校思想政治教育实践育人高端论坛综述[J]. 学校党建与思想教育，2018（22）.

[42] 陈秉公. 学习习近平关于教育的重要论述探索高校立德树人创新体系[J]. 思想教育研究，2018（10）.

[43] 王晶. 高校政思想政治理论课"三位一体"教学模式的构建

及其实施[J]. 学校党建与思想教育, 2018（10）.

[44] 李海霞. "互联网+"时代高校思想政治教育路径创新网络教学模式的构建[J]. 学校党建与思想教育, 2018（15）.

[45] 曾文, 张耀灿. 现代思想政治教育必须看到人、走进人和发展人[J]. 思想政治教育研究, 2018, 34（5）.

[46] 曾凡锋, 何珊. 新媒体时代, 高校思政课实践育人模式刍议[J]. 河北师范大学学报：教育科学版, 2018, 20（3）.

[47] 李晓杰, 李庆霞. 高校思想政治教育主渠道和主阵地相融合的模型解读与实践探索[J]. 思想政治教育研究, 2018, 34（2）.

[48] 佘双好. 提升思想政治理论课教学质量的规律探讨[J]. 中国高校社会科学, 2018（2）.

[49] 朱强, 戴钢书. 用《实践论》引领高校思想政治教育路径创新实践教学[J]. 毛泽东思想研究, 2017, 34（6）.

[50] 赵小兰, 杨辉. 构建"行知课堂", 实现师生共育——以河北师范大学思想政治理论课教学改革为例[J]. 思想理论教育导刊, 2015（12）.

[51] 王贝, 万远英. 高校思想政治教育路径创新IMAQ教学模式的构建与实施[J]. 学校党建与思想教育, 2015（22）.

[52] 周博文, 赵俊爱. 高校思想政治教育"主渠道"与"主阵地"交互机制探索[J]. 思想理论教育导刊, 2014（8）.

[53] 鲁春霞, 彭庆红. 高校思想政治教育路径创新实践教学的改革与创新[J]. 思想教育研究, 2014（6）.

[54] 陆文敏. 高校思想政治教育路径创新思想政治教育模式及其

实现路径[J]. 当代教育理论与实践，2013（4）.

[55] 冯爱红，梁宪生. 注重知行综合考评的实践教学模式——太原理工大学"思想道德修养与法律基础"课实践教学探索[J]. 思想理论教育导刊，2012（10）.

[56] 陆军. 任务型教学构成要素及作用关系的系统分析[J]. 外国语文，2010，26（5）.

[57] 赵学勇，李明. 新青年·新世纪·新文学[J]. 江汉论坛，2006（1）.

[58] 邹敏. 高校教学过程管理[J] 广西大学学报：哲学社会科学版，2001，23（Z1）.

[59] 何克抗，李克东. 主导——主体教学模式的理论基础[J]. 电化教育研究，2000（2）.

[60] 柳海民. 试论教学模式[J]. 中国教育学刊，1988（5）.

[61] 周海春，韩晓龙. 论王阳明高校思想政治教育路径创新的立言宗旨[J]. 湖北大学学报，2019（3）.

[62] 钱俊瑞. 在全国教育工作会议上钱俊瑞副部长总结报告要点[J]. 山东政报，1950（1）.

[63] 谢丽娜. 新时代高校劳动教育体系构建研究：逻辑理路与实践[J]. 黑龙江高教研究，2021，39（3）.

[64] 汪萍. 高校劳动教育的发展历程、基本经验与进路选择[J]. 黑龙江高教研究，2021，38（12）.

[65] 乐晓蓉，胡蕾. 高校劳动教育的发展历程、基本经验与进路选择[J]. 思想理论教育，2021，（5）.

[66] 谢晓娟，李文俊. 全面把握高校劳动教育的四重维度[J]. 现

代教育管理，2021（3）.

[67] 刘娜. 新时代高校劳动教育的多维向度[J]. 黑龙江高教研究，2020（11）.

[68] 王海建. 人工智能时代的劳动教育：创新与调适[J]. 思想理论教育，2021（1）.

[69] 丁楠，杨院. 人工智能时代高等教育与产业、劳动力市场的有效互动研究[J]. 教育评论，2020（6）.

[70] 周淑芳. 新时代大学生马克思主义劳动观教育刍论[J] 学校党建与思想教育，2019（23）.

[71] 王秀玲. 新时代劳动教育发展体系的系统的分析[J]. 当代教育科学，2020（1）.

[72] 张海生. 高校劳动教育的意涵、价值与实践——一种本体论，价值论和方法论的解析[J]. 大学教育科学，2021（1）.

[73] 刘嘉圣. 新时代推进大中小学劳动教育的三重维度[J]. 北方民族大学学报：哲学社会科学版，2021（2）.

[74] 马喜宁. 新时代劳动教育与高校思想政治教育有机融合的路径[J]. 中国劳动关系学院学报，2020，34（6）.

[75] 姜大源. 刍议新时代劳动教育的时空构建[J]. 国家教育行政学院学报，2020（6）.

[76] 王玉廷. 新时代高校劳动教育弱化的表现缘由及出路[J]. 当代教育科学，2019（10）.

[77] 赵长林. 新中国成立70年我国劳动教育思想的演进与劳动课程的变迁[J]. 国家教育行政学院学报，2019（6）.

[78] 黄如艳，成丽宁．论新时代劳动教育支持系统的构建[J]．教学与管理：理论版，2021（5）．

[79] 林克松，熊晴．走向跨界融合：新时代劳动教育课程建设的价值、认识与实践[J]．湖南师范大学教育科学学报，2020，19（2）．

[80] 赵海燕．新时代劳动教育的时代意蕴与实践策略[J]．社会科学战线，2021（3）．

[81] 尹者金．新时代劳动教育的特征与实现[J]．江苏高教，2019（11）．

[82] 范涌峰．新时代劳动教育课程的现实样态与逻辑路向[J]．教育发展研究，2020，40（24）．

[83] 祝猛昌．新时代全面假期大中小学劳动教育的生成逻辑、核心要义及价值蕴含[J]．中国青年社会科学，2021，39（6）．

[84] 张熙，袁玉芝，李海波．劳动教育的国际经验及其启示[J]．教学与管理，2019（4）．

三、报纸

[1] 庆祝中国共产党成立100周年大会在北京天安门广场隆重举行 中共中央总书记、国家主席、中央军委主席习近平发表重要讲话[N]．人民日报，2021-07-02．

[2] 中共中央关于制定国民经济和社会发展第十四个五年规划和二〇三五年远景目标的建议[N]．人民日报，2020-11-04．

[3] 在纪念五四运动100周年大会上的讲话[N]．人民日报，2019-05-01．

[4] 关于加强和改进新形势下高校思想政治工作的意见[N]．人

民日报，2017-02-27.

[5] 决胜全面建成小康社会夺取新时代中国特色社会主义伟大胜利——在中国共产党第十九次全国代表大会上的报告[N]. 人民日报，2017-10-19.

[6] 青年要自觉践行社会主义核心价值观——在北京大学师生座谈会上的讲话[N]. 人民日报，2014-05-04.

[7] 关于新时代加强和改进思想政治工作的意见[N]. 人民日报，2021-07-13（01）.

[8] 坚持中国特色世界一流大学建设目标方向为服务国家富强民族复兴人民幸福贡献力量[N]. 人民日报，2021-04-20.

[9] 立志做党光荣传统和优秀作风的忠实传人在新时代新征程中奋勇争先建功立业[N]. 人民日报，2021-03-02.

[10] 学党史悟思想办实事开新局以优异成绩迎接建党一百周年[N]. 人民日报，2021-02-21.

[11] 以主题教育为新的起点持续推动全党不忘初心牢记使命[N]. 人民日报，2020-01-09.

[12] 全国高校思想政治工作会议上强调：把思想政治工作贯穿教育教学工作全过程 12.开创我国高等教育事业发展新局面[N]. 人民日报，2016-12-09.

[13] 致全国青联十二届全委会和全国学联二十六大的贺信[N]. 人民日报，2015-07-25.

[14] 项久雨.高校思想政治教育路径创新的"道"与"术"[N]. 光明日报，2019-05-08.

后记

2020年4月，在课题组老师的积极支持和配合下，我成功地获批了重庆市深化教育领域综合改革第六批试点项目研究课题，题目为《高校思想政治教育路径创新研究》。之后，课题组的同仁按照申报书上的要求分工合作，经过大家的共同努力，该课题到了圆满收官的阶段。

回头看来，感慨不已。同大多数老师一样，我每天过着"上课、回家，上课、回家"按部就班的生活。但个人还是觉得人生应该有些别样的精彩。恰在此时，2020年2月重庆市高等教育学会发布了相关课题的申报工作，我也做了些思考，写下了申报书的初稿。来自于不同单位的课题组的相关老师传阅了我的申报书，给了我最大程度的支持和帮助。但我上一次写专题性的论文是2015年的事了，现在要从头开始，不是一件轻松的事情。撰写的历程艰辛而凄苦，但我受益颇丰，不仅加大了学习的深度和广度，而且锻炼了思维方式和叙事能力，这些都与课题组其他老师的积极配合和认真指导分不开。课题组老师精深的专业素养和审慎求实的工作态度，会让我铭记一生。从确定架构到实地考察、梳理筛查资料、动笔撰写，以及最后统稿，课题组的各位老师都全身心投入。在此，我作为主研人向课题组的各位老师——四川外国语大学马克思主义学院的王正宇老师、申艳婷老师、邓雅清老师等,致以最诚挚的谢意!你们乐观向上的态度、成熟的思维、广博的学识、新时代知识分子的风骨让我深感人生的美好在于守望相助。

最后我想说,在以后的学术生涯中,我会更加努力,以此来回报各位,谢谢你们!

刘建锋

2022 年 5 月